온라인 수업에서
팀 학습
어떻게 할까

상호작용과 협력으로 살아있는 수업

온라인 수업에서
팀 학습 어떻게 할까

박수정 저

학지사

추천사

진동섭(서울대학교 교육학과 명예교수)

저자는 이 책을 "팀 학습 신봉자의 온라인 수업 도전기"라고 말한다. '팀 학습' '온라인 수업' '도전기'가 핵심 단어다. 이 책 전체를 일관하는 주제는 '팀 학습'이다. 2020년 코로나19로 인해 오프라인 교육이 어렵게 되자, 저자는 온라인 교육에서 팀 학습에 도전하였다. 팀 학습은 오프라인 교육에서도 구현이 쉽지 않은 교수법이다. 그런 팀 학습을 온라인 교육에서 실현하는 것은 대단한 도전이다.

저자의 전공 분야는 교육행정과 정책이다. 그런데 교수법과 팀 학습을 연구하고 전국의 대학에서 강연을 하고 있다고 한다. 저자의 경력을 생각해 보니 이해가 된다. 중등교사로 교직을 시작한 저자는 '가르치고 배우는 활동'이야말로 교육행정과 정책의 존재 이유라는 것을 확실하게 인식했을 것이다. 또한 교사교육기관에서 교수로 가르치고 연구하는 과정을 통해 '교사의 교사'로 성장하였다. 교수는 교사 못지않게 수업에 대한 고민과 전문성 개발이 필요한데, 저자는 바로 이 점을 앞서 깨닫고 실천하는 학자인 것이다.

새로운 수업에 대한 도전은 아름답다. 그런데 기반이 없는 도전, 뿌리 없는 도전은 성공할 수 없다. 저자가 학부에서 전공한 역사의 소양이 대학원과 현재의 학문 생활에 커다란 영향을 주고 있다. 자신의 학업과 경력으로 축적한 경험에 기반을 둔 도전의 기록은, 교육학의 전문적인 학습 기회가 적었던 교수자에게도 쉽게 다가갈 것이다.

윤성민(인천대학교 도시건축학부 교수)

이 책은 교육에 대한 근본적인 질문으로부터 시작한다. "어떻게 하면 많은 학생이 흥미를 가지고 제대로 배울 수 있을까?" 나는 저자가 팀 학습의 출발로 기록하는 중학교 역사 수업의 대상이자 담임 학급의 학생이었으며, 지금은 저자처럼 대학에서 교육과 연구를 담당하고 있다. 첫 배움으로부터 20년이 지나 이 책을 통해 교육철학과 방향에 관한 조언과 답을 구하고 있다.

가치의 변화, 기술의 발전, 코로나19 바이러스 등으로 급변하는 세상에서 교육의 중요성은 누구나 공감하고 있지만, 학생과 교수자 간의 상호작용에 대한 고민은 더욱 커지고 있다. 나는 대학에서 건축을 가르치는 교수자로서 비대면이라는 새로운 환경에 많은 어려움을 겪고 있다. 평소에는 질문을 통해 수업을 진행하는 편이지만, 수십 명이 접속하는 실시간 온라인 수업에서 질문을 통한 상호작용은 그리 쉽지 않다. 이러한 상황에서 사전학습과 소회의실 기능을 이용한 팀 학습은 온라인 수업의 한계를 극복하는 해답이 될 수 있을 것이라고 생각한다.

학생과 교수자 모두 온라인 수업 환경에 조금씩 적응해 가고 있다. 어쩌면, 지금 이 시점부터는 '대면 수업을 넘어선 온라인 교육'도 가능할 수 있겠다는 생각이 든다. 이 책은 시의적절하게 온라인 수업에서의 팀 학습이라는 대안과 사례를 제시하고 있다. 팀 학습의 기본 전략과 온라인 교육환경의 이해를 통해 대학의 교수자들이 학생들에게 더욱 효과적인 교육을 제공할 수 있기를 기대한다.

김정현(충남대학교 대학교육개발센터 교수학습지원팀장)

　저자를 교수법 특강의 강사로 처음 만났고, 'learning by doing'의 방식으로 수강생들을 적극적으로 실습에 참여시키는 모습이 인상적이었다. 대학 교수법 특강의 추천 강사 1순위인 저자는 학습자를 수업에 활발하게 참여하도록 하는 교수다. 저자의 수업은 초등학교 때부터 대학원까지 20년 넘는 동안 들었던 수업 중에서도 가장 흥미로운 수업이었고, 학창시절 가장 좋아했던 과목인 체육처럼 시간이 빠르게 지나가서 아쉽고도 정말 놀라운 수업이었다.

　"Involve me, I will understand." 첫 수업 시간에 소개한 말대로, 저자는 팀 학습을 통해 학습자들을 수업에 활발하게 'involve'시켰다. 나를 포함한 수강생들은 적극적으로 수업에 참여하였고, 학생은 수업의 주체라는 인식을 가지면서 유의미한 학습이 되었으니, 이것이 바로 '학습자 중심 교육'일 것이다.

　이 책은 내가 학습자로서 실제로 경험한 대면 수업의 팀 학습 노하우를 새로운 비대면 수업 환경에 적용할 수 있도록 구성되었다. 매우 유용한 '팀 빌딩' 활동을 포함하여 팀 학습의 설계·운영·평가에 필요한 내용을 구체적인 사례와 함께 정리하여 이해를 돕고 있다. 교수자마다 교육철학은 조금씩 다를 것이다. 자신의 교육철학에 '학습자 중심 교육'이라는 키워드가 있다면 반드시 이 책을 읽어볼 것을 추천한다. 여기에서 교육철학을 실현하기 위한 방법을 찾을 수 있고 실제 비대면 수업을 통해 교수자와 학생들이 겪어야 할 시행착오를 줄일 수도 있을 것이다.

프롤로그:
모든 교수자가 '초기화'되었습니다

2020년 2월, 모두가 축하해야 할 졸업식과 입학식이 제대로 진행되지 못했다. 3월이 되었지만 개학과 개강이 연기되었고, 수차례 연기 끝에 '비대면 수업'을 해야만 했다. 갑작스러운 일이었다.

방법을 만들어야 했다. 처음에는 '줌(Zoom)'이라는 용어조차 몰랐으나 3월 초부터 공부하기 시작했고, 3월 말부터는 줌 화면으로 학생들을 만나기 시작했다. 근무하는 대학에서 줌 계정을 제공하여 시간제한 없이 사용할 수 있었다. 학교의 학습관리시스템(Learning Management System: LMS)으로 자료 공유와 소통을 하며 화상강의 도구인 줌을 통해 실시간 온라인 수업을 하기로 마음먹었고, 그렇게 1년이 지났다.

코로나19 바이러스로 인한 비대면 교육환경은 모든 이의 교육방법을 '리셋(reset)', 초기화하였다고 해도 과언이 아니다. 원격교육이 도입된 지는 오래되었으나 모든 수업에 요구되거나 필요로 하는 것은 아니었다. 그동안 대학의 LMS를 통해 수업 안내와 자료 공유는 하고 있었으나 온라인 콘텐츠를 제작하거나 사이버 강의를 운영해 본 적은 없었다. 학생들을 직접 만나 수업하는 것과는 절대 비교할 수 없다고 생각해 왔다. 동일한 교육내용이라도 학생들의 특성에 맞게 재구성하여 가르치는 것이 당연한 것 아닌가? 하물며 동일한 교육내용이라는 것이 존재할까? 수업 중 학생들과의 상호작용은?

더욱이 내가 담당하는 학문 분야는 정책과 법규가 많이 변화하기 때문에 내용이 시시각각 업데이트되어야 한다. 1~2년도 못 가는 콘텐츠를 일부러 만들 필요는 없지 않을까 하여 몇 년 전부터 추진된 온라인 공개수업(Massive Open Online Course: MOOC)이라는 대학 수업 공개 사업에도 개인적으로는 별 관심이 없었다. 평생 '대면 수업'만을 할 줄 알았다. 사실 대면 수업과 비대면 수업이라는 용어를 사용한 적이 없었다고 하는 것이 더 정확할 것이다.

그러나 이제 비대면 수업을 해야만 한다. 수업 동영상도 만들어야 하고 실시간 수업 방법도 찾아야 했다. 그리고 필자는 '팀 학습 신봉자'다. 대부분의 수업에 다양한 팀 학습 방법을 적용하여 수업하고, 팀 학습에 대하여 대학의 교수자들을 대상으로 교수법 특강과 워크숍을 해 오고 있었다. 2015년부터 대학의 교수법과 팀 학습에 대한 강의를 해 왔고, 얼추 100회는 넘은 것 같다. 이러한 팀 학습 신봉자가 비대면 수업에서 팀 학습을 시도하지 않을 리가 있겠는가! 온라인 수업에서도 팀 학습을 할 수 있는 방법을 찾기 시작했고 그것을 조금씩 시도해 보았다. 실시간 온라인 수업의 모든 수업이 '도전과 응전'의 시간이었다.

2020학년도 1학기는 고백건대 '시행착오'의 기간이었고 2학기는 어느 정도 비대면 팀 학습이 자리를 잡기 시작했다. 그 시작은 당연히 대면 수업에서의 팀 학습 경험이었고, 이것을 바탕으로 줌이라는 도구를 통해 어떻게 가능할지 적용해 보는 시도가 주효하였다. 대학 교수자 대상의 교수법 특강을 더 이상 대면으로 진행하지 못하다 보니 동영상 콘텐츠를 의뢰받아 서투르게나마 '자가 제작(촬영과 편집)'을 하기 시작했고, 2학기부터는 '상호작용과 실습'이 가능한 실시간 교수법 특강을 좀 더 선호하게 되었다.

교수법 특강도 실시간 온라인으로 팀 학습을 직접 경험하고 실습하는 방식으로 진행하고 있다. 혹은 동영상 콘텐츠 제공과 실시간 온라인 특강을 혼합하는 방식으로도 진행하고 있는데, 이것이야말로 원격교육의 방법이라고 할 수 있다. 한 발짝 더 나아가 동영상 콘텐츠를 미리 시청케 하고 실시간 온라인 연수에서는 확인·적용·심화를 하고 있는데, 이것은 플립러닝(flipped learning) 방식이다. 그러나 동영상을 안 보고 특강에만 참여하는 교수자가 있을 것으로 생각되어 이러한 방식의 교수법 특강을 진행하는 것은 쉽지 않은데, 반대로 이런 생각도 든다. 학습자로서 나는 어떻게 했을까? 수업을 듣는 학생들은 어떻겠는가?

대학의 교수자를 대상으로 교수법을 강의하고 있지만 학문적으로 전공하는 분야는 아니다. 필자가 전문적으로 연구하는 분야의 교육(교육행정학, 특히 교사의 전문성 개발, 학교 변화, 교육 거버넌스 등)을 잘하기 위해 교수법에 관심을 가지게 되었는데, '협력을 통한 문제해결의 힘'을 믿기 때문에 '팀 학습'에 더욱 매력을 가지게 되었다. 그리하여 이 책에서 소개하는 내용들은 대부분 필자의 '수업 사례'이며 경험에 기반하고 있다. 대면과 비대면 수업에서의 시도와 경험을 통해 '온라인 수업에서 팀 학습이 가능하다'는 점을 확신하면서 온라인 수업에서의 팀 학습 설계와 운영에 대하여 정리하게 되었다.

생소한 환경에서의 수업은 매시간 도전이었고 수업을 준비하기 위하여 원격교육과 온라인 수업에 대한 정보를 찾았다. 인터넷에서 유용한 정보를 얻었지만 책에서도 많은 도움을 받았다. 책이 도움이 되겠구나 싶은 생각에 용기를 내 보았다. '팀 학습 신봉자의 온라인 수업 도전기'가 작은 도움이나마 될 수 있지 않을까? 팀 학습이 필요한 독자에게 이 책은 자기주도학습과 사전학습용으로 활용되고, 책을 읽은 후에는 온라인과 오프라인에서 '실시간 만남'을 통해 다양한 팀 학습 실습을 확실히 체득하는 기회가 있기를 바란다. 책에서 소개하는 내용이 수업에 적용될 수 있기를 기대한다.

이 책에서는 온라인 수업에서 가능한 '팀 학습'의 준비부터 실행 그리고 평가에 이르는 과정을 사례 중심으로 풀어 보았다. 평소 대학 교수법 특강에서 다루는 내용과 추가 설명을 담았고, 대학 수업과 강의를 하는 교수자라면 쉽게 읽고 적용할 수 있도록 쓰고자 하였다. 바로 지금 그리고 앞으로도 활용 가능성을 가진 '온라인 수업'에 적용할 정보를 얻고, 더 근본적으로는 바람직한 교육의 방향에 대하여 생각해 보는 계기가 되기를 바란다. 그리고 원래 쓰고자 했던 '대면 수업'에서의 팀 학습에 대한 책도 이후에 빛을 볼 날이 올 것으로 믿는다.

미리 보는 강력 추천!

1. 실시간 수업에서는 '강의' 말고 '상호작용'을 하라.

2. 사전학습에 바탕을 둔 실시간 수업(팀 학습 포함)을
   설계·운영하라.

3. 효과적인 사전학습을 부과, 확인, 활용하라.

4. 학습관리시스템(LMS)을 통해 사전학습을 확인하고
   피드백하라.

5. 반드시 소회의실을 운영하고 활용하라.

6. '팀 빌딩' 30분으로 진정한 팀 학습을 시작하라.

7. 효과적인 팀 학습을 위한 환경을 다양하게 조성하라.
   (수업 규칙, 학습 성찰, 기여도 평가 등)

차례

제1부
온라인 수업에도 팀 학습이 필요하다

제3부
온라인 수업에서 팀 학습 실행하기

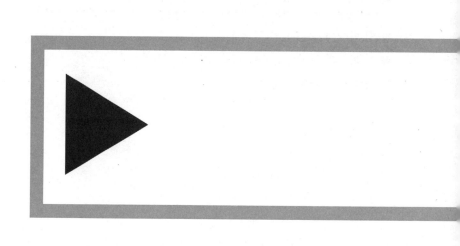

제1부

온라인 수업에도
팀 학습이 필요하다

학생들의 이야기

제가 수강한 수업은 대부분 동영상 시청 수업이었어요. 동영상을 수강하면 '시청 완료'가 뜨고 출석으로 인정되었지요. 중간고사와 기말고사는 모두 대체 과제로 이루어져서 교수님을 직접 뵌 적은 없어요. (대학생 A, 자연계열)

저는 동영상 강의 외에도 실시간 수업이 있었고 소회의실에서 조별로 토의하는 경우도 있었어요. 그런데 소회의실에서 활발하게 제대로 이야기를 한 적은 거의 없었던 것 같아요. 조별 토의는 괴로운 시간이었어요. (대학생 B, 사범계열)

2020년 대학에서 학생이 수강한 수업 경험이다. 원해서가 아니라 어쩔 수 없이 하게 된 원격 수업, 그래도 한 학기 수업 내내 동영상만 보았다니⋯⋯. 안타까웠다. 대학 수업이 '인강(인터넷 강의)'인가? 동영상을 시청한 것을 곧 학습이라고 볼 수 있을까? 학생들이 얼마나 이해했는지 확인할 수 없고, 내용을 좀 더 설명하거나 심화된 내용을 제시하기도 어렵다. 실습, 실험, 발표도 없다. 최소한 수업 첫 주와 마지막 주에는 비대면으로라도 서로 얼굴을 보면서 대화를 할 수는 없었을까?

실시간 수업을 경험한 학생도 적지 않다. 그러나 실시간 수업에서 제대로 팀 학습을 경험해 본 적은 없다고 한다. 줌에서 팀 학습을 위해 제공하는 소회의실과 같은 기회를 전혀 경험하지 않은 학생도 많지만 경험하였다고 해도 큰 기대가 없다. 이 경우에도 안타깝기는 마찬가지다.

2020년에 필자는 대학 수업을 하는 교수자였고, 딸은 대학 수업을 수강하는 3학년 대학생이었다. 간혹 실시간 수업을 하는 모습을 옆에서 보게 되면 많은 생각이 들었다. 준비한 PPT에 판서를 하며 열정적으로 수업을 하는 교수님의 모습을 컴퓨터 화면 옆에서 볼 기회가 있었고 어떤 프로그램을 쓸까 궁금증이 생겼다. 딸이 매우 집중하면서 동영상을 시청하거나 실시간 수업에 귀 기울일 때는 어떤 요인 때문일까 궁금했다.

반면, "정말 들으려고 노력했지만 이 수업(실시간 수업)에서는 다른 것을 하기로 했다."라는 반응을 보인 수업에 대해서는 표정 관리가 참으로 어려웠다. 오죽하면 못 듣겠다고 하겠나 하는 생각과 동시에 2시간을 못 참나 하는 생각이 드는 것은 학부모와 교수자의 입장이 모두 투영되었기 때문일 것이다. 교재만 독학으로 공부하여 시험 점수는 1등이었다고 하니, 사실 수업을 듣지 않아도 되는 것이었을까?

딸이 수강한 수업은 10여 명 정도의 인원이 적은 수업도 있었지만 대부분 30명 이상의 수업이었고, 어떤 수업은 80명 그리고

300명이 넘는 대규모 수업도 있었다. 엄청난 숫자의 수업은 명강의로 소문난 전공 기초 과목이었다. 동영상 제공 수업만 하거나 실시간 수업만 하는 수업이 대부분이고 두 가지를 병행하는 수업은 소수였다. 계절학기를 포함하여 1년간 15개 과목을 수강했는데 실시간 수업 중에 '팀 학습'을 해 본 수업은 1개 과목이었다고 한다. 이는 아직 실시간 수업에서 팀 학습을 한다는 것이 보편적인 시도와 경험은 아님을 보여 준다. 그러나 시간이 지나면서 경험이 축적되기에, 앞으로 실시간 수업이 보편화되고 팀 학습도 많아질 것임은 충분히 예상할 수 있다.

수업에서 팀 학습을 처음 진행할 경우, 학생들에게 줌에서 소회의실 경험이 있었는지 물어본다. 초기에는 거의 없었다고 하였지만 최근에는 상당수가 손을 든다. 그러나 큰 기대감은 없어 보인다. 20분 정도 '팀 빌딩'을 하고 나면 표정이 달라진다. 그렇게 팀원 간 라포를 형성해 두고 그다음 시간에 다시 소회의실을 운영하면 뭔가 만들어 낸다. 그렇게 매시간 팀 학습을 진행하면 어떻게 될까?

그동안 팀 학습은 정말 피하고 싶은 시간이었어요. 열심히 하는 학생이 별로 없었거든요. 결국 제가 나서서 팀 결과를 만들어 냈던 경험이 많아요. 팀 학습을 한다고 해서 이 수업도 그렇지 않을까 걱정했는데 저 혼자 하는 게 아니어서 좋았어요. 팀원 모두 의견을 내고 함께 결과를 만들었던 경험은 거의 처음이에요. 다들 열심히 해서 기여도 평가를 할 때 참 고민스러웠어요. (대학생 C, 사범계열)

플립러닝을 적용한 실시간 온라인 수업(제3부)을 수강했던 학생의 이야기다. 기분 좋은 피드백이라서 옮겨 보았다. 비대면 수업에서도 팀 학습이 되는구나, 대면 수업에서와 마찬가지로……. 안도감이 들면서도 모두가 같은 생각일까 생각해 보게 되고 좀 더 잘하려면 어떻게 해야 할까 고민도 해 본다. "팀 토의가 유익했지만 시간이 촉박했다." "내용을 잘 모르는 팀원끼리 토의하는 것보다 교수님이 명확하게 설명해 주는 시간을 늘려 주면 좋겠다."라는 평가도 있기 때문이다. 수업은 늘 어렵다.

2020년은 모두가 같은 어려움을 경험했고 절대 잊지 못할 해로 기억될 것이다. 대학교육에서 가장 힘들었고 불이익을 받은 사람은 학생이다. 오후 2시에 시작하는 온라인 수업에 자주 지각하던 학생은 "학교를 출석하지 않다 보니 생활 리듬이 완전히 엉망이 되었고 2시가 되어도 일어나지 못해요."라고 했다. 그렇게 1년 가까이 살았지만 이제는 고쳐 보겠다고 하였다. 또 다른 학생은 "출석하지 않고 공부하는 상황에 점점 적응이 되어 간다."라고 했다. 적응은 필요하지만 과연 어떠한 변화를 경험하고 무엇이 남을 것인가?

학교가 존재하는 것은 '학생'이 있기 때문이고 '학생의 학습과 성장'이 학교의 목표가 아니던가. 대학과 교수자는 학생의 관점에서 수업과 학교를 바라보고 더 좋은 수업과 교육을 위해 노력할 책무가 있다.

교수자들의 이야기

대학의 교수자들은 2020년에 모두 동일한 상태로 '초기화'되었다. '모든 교사가 신임교사'라는 말이 학교 현장에서 한동안 회자되었던 것처럼 지금까지 해 보지 않은 수업을 설계하고 운영하는 상황에 놓인 것이다.

과거에도 온라인 수업이 일부 있었기 때문에 사이버 강의나 무크(MOOC)의 경험이 있는 교수자도 있으나 매우 소수다. 대학 차원에서 사이버 강의와 무크는 촬영과 제작을 지원해 주는 경우가 많아 '자가 제작'의 경험은 대부분 없었다. 그래서 필자를 포함한 대부분의 교수자는 '혼자 힘으로' 동영상 자료를 만들거나 실시간 수업을 운영하기 위한 준비를 서둘렀다.

"동영상만 들었어요."라는 학생의 이야기처럼 "한 학기 동안 학생들은 코빼기도 못 봤어요."라고 말하는 신임교수를 만났다.

2학기에 임용이 되어 비대면 수업을 해야 하는데 처음이라 자신도 없고 시간적 자유에 대한 유혹도 있어서 동영상만으로 강의를 했습니다. 시간제한은 두지 않았고 자유롭게 시청하도록 했습니다.

실습 과목이라 실습이라도 대면으로 하고 싶었는데 비대면으로 해야 하는 상황이 되어 혼자 실습 영상을 찍게 되었지만, 그것도 사실 힘들었습니다. 기말고사를 보니 학생들의 성취 수준이 기대에 미치지 않았고 내 수업에 문제가 있구나 생각하게 되었습니다. 그래서 다음 학기에는 어떻게 수업을 개선해야 하나 고민하고 있습니다. (신임교수 A, 공학계열)

앞서 대학생 A와 연결되는 이야기다. 신임교수 A가 제작한 동영상 콘텐츠를 살펴보니 전문성이 돋보였고 성의가 있었다. 하지만 동영상만으로 과연 목표하는 학습 성취 수준에 도달할 수 있을까? 학습자가 존재하지 않는 동영상은 사실상 교육의 보조 자료라고 보아야 한다. 교육에 대해 전문적으로 학습해 본 경험이 없는 교수가 대부분이기 때문에 동영상 제작에 애를 쏟는 것만으로도 최선이었을지 모른다. 이분에게는 동영상 제작은 잘하고 있으니 학생들의 학습을 확인하면서 필요한 설명(보충 혹은 심화)을 하거나 함께 문제를 풀어 보는 실시간 수업을 병행해 볼 것을 제안하였다. 수업 개선의 고민을 하고 있기 때문에 다음 학기에는 분명 나아질 것이다.

동영상 수업 외에 실시간 수업을 운영하는 교수자도 적지 않다. 최근 각종 회의와 학술대회가 화상으로 이루어지다 보니 이를 수업에 적용하는 데 큰 어려움은 없었을 것이다. 그러나 전혀 시도해 보지 않은 교수자에 비하면 대단한 도전이기도 하다.

원래 대면 수업을 할 때는 토의를 하게 했죠. 강의 반, 토의 반 이렇게 운영했었는데 실시간 수업에서는 모두 강의만 하고 있었습니다. 학생들을 소회의실로 보내서 토의하게 해 봤는데 제가 모두 지켜볼 수도 없고 잘 안되는 것 같아 시간 낭비로 생각되었습니다. (신임교수 B, 사회과학계열)

미국에서 강의를 하다가 한국에 교수로 임용되어 이번 첫 학기를 줌으로 수업했습니다. 소회의실에서 문제를 해결하는 과제를 주었는데 소회의실에 들어가 보고 충격을 받았습니다. 학생들은 깜깜한 화면에서 아무도 말하지 않고 있었습니다. 그런데 정답을 제게 보내 옵니다. 어떻게 했는가 물어보니 카톡으로 했다고 합니다. 똘똘한 학생이 답을 작성하는 것 같은데 어떻게 해야 할지 모르겠습니다. (신임교수 C, 간호계열)

침묵과 어둠의 소회의실! 이것은 교수자들이 가장 우려하는 팀 학습의 상황일 것이다. 이 상황은 앞에서 대학생 B의 경험과 연결된다. 팀 토의가 잘 안되는 것 같으니 실시간 온라인 수업을 100% 강의로 진행한다! 이건 어떨까? 교수님의 강의식 수업(정확히 말하면 '직접교수법')을 동영상으로 보나 실시간으로 보나 사실 매한가지인데, 언제 어디서나 공부할 수 있고 필요하다면 빠르게 또는 여러 번 반복하여 시청할 수 있도록 동영상으로 제공하는 것이 오히려 낫지 않을까? 신임교수 B의 강의 전달력은 높지만 1시간 넘게 강의만 한다면……. 학생들의 반응이 조심스럽게 예상되었다.

신임교수 C가 당면한 당혹스러운 팀 토의 상황에서는 과연 무엇이 해결책일까? 하나의 모범 답안은 없다. 해결방안을 제시하기 위해서는 정확한 '진단'이 필요하다. 교수자의 수업 운영 방식, 수강생들의 특성, 교과목과 팀 과제의 특성, 발표와 피드백 방식, 팀 빌딩과 기여도 평가 여부 등 다양한 요인이 있을 수 있다. 그러나 학생들이 팀 토의가 기대에 부응하지 않더라도 좌절하지 말고 또 다른 시도를 해 보길 권한다. 작은 시도 하나가 큰 차이를 가져올 수 있다.

이제 본론을 말할 때가 되었다. "실시간 온라인 수업에서 팀 학습은 필요하고, 가능하며, 효과적이다." 단, 교수자가 어떻게 수업을 운영하느냐에 그 성패가 달려 있다. 대학 교수자의 어깨가 무겁지만, 그래서 교육은 사회적으로 중요하고 전문적인 일로 인식되는 것이 아닐까?

'교육철학'이 중요하다

팀 학습은 학습을 위한 '수단'이지 '목표'가 아니다. 즉, 팀 학습을 위해서 팀 학습을 하는 것은 아니다! 그렇다면 무엇 때문에 팀 학습이 필요한 것일까? 교육의 목표와 가치, 의미는 무엇일까? 어떠한 교수법이든 가장 근본이 되는 것은 교육에 대한 관점, 바로 '교육철학'이다.

가르치는 사람이라면 누구나 교육에 대한 생각을 가지고 있다. 그것을 교육관, 교육철학이라고 한다. 교육은 어떤 것인가, 수업은 무엇인가, 교육과 수업을 하는 교수자는 어떤 사람인가, 학생은 어떤 존재인가……. 이런 생각이 교육관, 교육철학이고 가르치면서 이러한 것에 대한 생각이 자연스럽게 형성되어 간다.

필자의 교육관 내지 교육철학에 큰 영향을 준 인디언 속담을 가장 먼저 소개하고 싶다. 때는 2001년, 박사과정 1년차 수업을 듣던 중 미국에서 연구년을 마치고 돌아온 교수님께서 하신 말씀이 가슴에 크게 와닿았다. 누구나 이해하기 쉽고 간결한 말이어서 더 큰 울림이 남았다.

Tell me, I will forget.

Show me, I may remember.

___?___ **me, I will understand.**

'말하라, 나는 잊어버릴 것이다.' 왜 말하는데 잊어버릴까? '한 귀로 듣고 한 귀로 흘린다'는 옛말이 있다. 제아무리 달변의 명강사라고 하더라도 청중의 집중력은 20분을 넘기기가 어렵다고 한다. 시계도 봐야 하고 스마트폰도 확인하게 된다. 눈은 말하는 사람을 향하고 있어도 머리는 다른 곳에 가 있을 수 있다. 하물며 나는 달변이 아니고 대상은 학생이라는 사실! 이 말은 '말이 중요하지 않다'는 뜻이 아니라 '말만으로는 부족하다'는 뜻일 것이다.

'보여 주라, 나는 기억할지 모르겠다.' (때로는 'not'이 포함되었다고도 한다) 눈으로 보는 것은 집중이 되고 자극도 되어 기억에 오래 남을 수 있다. 그래서 수업 자료로 PPT, 사진, 동영상, 영화 등을 적절히 활용하는 것이 바람직하다. 그러나 '기억'도 좋지만 교육이라면 최소한 '이해'는 해야 하지 않을까?

그렇다면 어떻게 해야 '이해'를 할 수 있을까?

바로 이 대목을 듣는 순간 큰 깨달음이 왔다.

Involve me, I will understand.

'나를 끌어들이라. / 연루시키라. / 참여시키라. 나는 이해할 것이다.' 이것은 '교육에 학습자를 참여시키라'는 뜻으로 이해될 수 있으며 바로 이것이 학습자의 '이해'를 가져오는 방법이라는 것이다. 이해를 위해서는 학습자의 참여가 필요하고, 그 방법에는 여러 가지가 있겠으나 다수의 학습자가 함께 교육을 받는 상황에서 이것은 몇 개의 집단, 즉 '팀'을 통한 협력학습이 가장 효과적인 방법이 될 수 있을 것이다.

인디언 라코타 부족(Lakota Sioux)의 속담을 소개해 주신 은사님이 바로 이 책의 추천사를 써 주신 진동섭 선생님이다. 이 말은 당시 교사로서 여러 시도를 하던 나의 교육철학에 믿음을 갖는 데 큰 역할을 하였고, 이후 필자의 수업에 직접 적용이 되었으며, 대학 수업에 대한 연구와 특강을 본격적으로 하게 되었다. 필자의 교수법 특강과 실제 수업은 이 속담의 소개로 시작되고 있으니 항상 고마울 뿐이다.

이 말은 공자가 했다고 하고 또한 벤자민 프랭클린(Benjamin Franklin)도 비슷한 말을 남겼다고 한다. 동서고금을 막론하고 비슷한 깨달음을 갖는다고 볼 수 있다. 교육을 '이해' 수준에서 만족한다는 뜻은 아니다. 교육학자 블룸(Bloom)은 교육목표를 6단계로 제시하였는데 기억과 이해는 가장 낮은 단계다. 그러나 기억과 이해가 바탕이 되어 상위의 목표로 나아가는 법. 팀 학습은 이해뿐만 아니라 적용과 분석 같은 상위의 목표 달성으로 가는 중요한 방법이 될 수 있다.

이제 필자의 교육관을 공개할 때가 되었다. 그동안의 교육 경험을 통해서 다음과 같은 생각을 하게 되었다.

- 학습자는 지식을 만들어 가는 주체이며, 교수자는 학습을 촉진하는 역할을 한다.
- 학습자는 적극적으로 수업에 참여하고 상호작용함으로써 제대로 더 많이 배울 수 있다.

너무 교과서적인 문장으로 보이는가? 그렇지만 이것은 지금까지의 실제 교육 경험을 통해 형성된 교육관이다. 교육학자다 보니 교육학 이론처럼 보일지 모르겠다. 그러나 그 표현이 전문적이든 일상적이든, 자신의 언어로 진실성을 담아 교육의 지향과 방법을 표현한 것이 바로 자신의 교육철학이다.

이러한 관점을 교육학의 교수학습이론 연구에서 찾아보면 '구성주의(constructivism)'와 유사하다. 교육은 객관적인 지식의 전달이 아니라 학습자의 지식을 생성하도록 하는 것이다. 학습자는 지식을 스스로 구성하는 존재이며, 따라서 교수자는 이를 촉진하고 지원하는 역할을 한다. 이것은 '학습자 중심 교육(learner-centered education)'과도 맥을 같이하며, 방법 측면에서는 학생 참여 학습, 팀 학습 또는 협동학습과 연결된다.

대학에서 구성주의와 학습자 중심 교육은 과연 필요한가? 바람직한 이상향 또는 멋지게 포장된 수사(修辭)는 아닐까? 그렇지만 이러한 교육관을 확인하고 내 것으로 만들고 나서야 구체적인 교수법과 기술이 비로소 의미가 있다.

'학습자 중심 교육'에서 교수자의 역할

대학은 과거와 다른 환경에 직면해 있다. 본래 '학문적·전문적 지식과 기술'은 대학에서 독점적으로 제공하였다. 그러나 지식의 양은 폭발적으로 증가하고 있고 '정보의 바다'로 불리는 온라인 세계에서 얼마든지 지식을 접할 수 있게 되었다. 대학이 아니어도 검색 몇 번으로 최신 지식을 습득할 수 있고 대안적인 교육기관과 공개 강의도 늘어나고 있다. 이제 교육에서 지식 그 자체보다는 역량(competence)이 중요하며 따라서 지식의 전수보다는 지식의 창조 그리고 다양한 역량의 배양이 대학교육에서 더욱 중요해졌다.

대학에게 기대되는 '교육, 연구, 봉사'의 기능 중에 단연 연구에서의 역할이 가장 큰 비중으로 요구되고 수행되었던 것이 사실이다. 대학의 교수자는 사실 연구자 또는 전문가로서의 정체성이 크고, 교육에 대한 전문적인 학습 기회가 있었던 것도 아니어서 교수자, 교육자로서의 면모가 크게 기대된 것은 아니다. 대학의 수업은 '교육'의 측면에서 볼 때 부차적인 기능으로 다루었고, 초·중등학교에 비하여 전문적인 교육활동으로 보기 어려운 측면도 있었다.

그러나 대학이라는 곳이 학생을 가르치는 '교육기관'이라는 인식이 중요해지고 '잘 가르치는 대학'에 대한 관심도 높아지고 있다. 대학교육의 정규교육과정인 수업에서 학생들을 가르치고 의미 있는 학습 성과를 거두는 것이 가장 기본이며 중요한 것이다. 2000년대부터 대학마다 '교수학습센터(Center for Teaching and Learning: CTL)'가 설치되기 시작하여 체계적인 교수지원과 학습지원을 하고 있고, 최근에는 기관연구(institutional research) 기능을 가진 교육혁신원과 같은 학내 기관을 설치하여 대학교육 전반에 대한 변화를 연구·실행하고 있다.

결국 대학은 '학생의 학습과 성장'을 위하여 존재하기 때문에 좋은 교육과 수업을 위해 끊임없이 고민하고 시도해야 한다. 앞서 언급한 구성주의와 학습자 중심 교육은 교육의 주체인 '학생'에 초점을 둔 교육관이며, 또한 학습자의 주체성과 능동성을 기대하는 동시에 요구도 하고 있다.

교수자로서 앞의 내용과 같은 생각에 얼마나 동의하는가?

- 교사의 역할은 학생들이 스스로 공부할 수 있도록 돕는 것이다.
- 학생들 스스로 문제의 답을 찾아가는 것이 최고의 학습이다.
- 실질적인 문제에 대한 해답을 교사가 제시해 주기 전에 학생들 스스로 해답을 생각해 볼 수 있도록 해야 한다.
- 특정 교과 내용을 배우는 것보다는 생각하고 결론을 내는 과정이 더 중요하다.

* 2013 OECD 국제교수학습조사(Teaching and Learning International Survey: TALIS) 교사용 문항

대부분의 문항에 '그렇다' 또는 '매우 그렇다'고 생각한다면 '구성주의적 교수신념'을 가진 교수자라고 볼 수 있다. 이러한 관점은 초·중등학교에서 바람직한 교육의 방향으로 인식되고 있으며 대학에서도 예외가 아니다. 사실 지식을 전달하는 것보다 지식을 만들어 가도록 지원하는 것은 더 어려운 일이다. 게다가 대학에서는 어렵고 방대한 지식을 대학생들이 체계적으로 습득하도록 해야 하는 것이 아닌가?

　이 문항을 대학의 신임교수 특강에서 조사해 보았다. '그렇지 않다'는 반응보다 '그렇다'는 반응이 더욱 많아지고 있어 고무적이다. 의대 신임교수는 "의사라는 전문가를 만들려면 이런 교육이 필요하다."라고 하였다. 엄청난 지식을 암기하는 것에 그치지 않고 실제 임상에서 지식을 적절히 활용하고 적합한 처치를 하려면 문제중심학습, 팀중심학습과 같은 교수법을 통한 교육이 필요하고 실제로 활발하게 이루어지고 있다. 공대 신임교수는 "방향에는 동의하지만 현실적으로 수업에서 어떻게 해야 하는지 잘 모르겠다."라고 어려움을 토로하였다. 그럴 수밖에 없다. 그런 교육을 받아 본 경험을 쉽게 떠올리기 어렵고 교수법을 공부할 기회도 거의 없었기 때문이다.

　대학의 교수자가 강의 계획을 세우고 수업을 진행하고자 할 때 가장 먼저 떠오르는 것은 '과거 내가 받았던 수업 방식'이다. 이것은 교대와 사대를 4년씩 다니면서 전문적인 교사교육을 받는 초·중등학교의 교사도 사실 크게 다르지 않다. 자신이 경험했던 수업 방식의 틀 속에서 수업을 계획하는 것은 수년(혹은 수십 년) 전에 행해진 과거의 전형적인 수업 방식에 갇힐 우려가 있다. 세상은 바뀌고 학생들도 바뀐다. 변화하는 시대와 변화하는 학습자에게 적합하도록 새로운 교육방법을 끊임없이 모색해야 한다.

　신임교수의 경우, 임용 초기에 노력을 교육에 많이 투입하여 수업이 어느 정도 자리가 잡히고 만족스럽게 운영이 되면 연구와 봉사도 그 기반 위에서 날개를 달 수 있다. 수업 개선을 위해서는 어느 정도 학습이 필요한데, 교수법 특강 참여, 다른 교수자와의 사례 공유나 공동 연구, 개인적인 독서와 연구 등 본인에게 적합하고 필요한 노력을 조금씩 투입하면 된다. 오랫동안 가르치는 일을 하게 될 텐데 교육에 투자하는 약간의 시간은 오히려 큰 보상으로 돌아올 것이다. 수업 중에 느껴지는 학생들의 반응 그리고 졸업한 후 간혹 받아 보는 긍정적인 피드백은 결국 교수자의 보람이기도 하다.

　'학습자 중심 교육'은 학습자에게 끌려가거나 영합하는 교육이 아니다. 학습자를 교육의 중심에 두고 수업의 방향과 운영 방식을 설계하고 최고의 학습 효과를 거두기 위한 전문적인 지원이 필요하다. 따라서 교수자의 역할과 전문성은 더욱 중요해진다. 최근 학생 주도성(student agency)과 교수 주도성(teacher agency)이 함께 발현되는 '공동 주도성(co-agency)'이 중시되고 있는데,[1] 어느 일방의 주도권이 아니라 학생의 학습을 위한 학습자의 주체성과 교수자의 지원 그리고 양자의 협력이 중요하다.

'학생의 학습'을 위해 교수자가 최선의 노력을 경주하고, 교수자의 전문적인 학습 지원이 대단히 중요한 교육이 바로 학습자 중심 교육이다. 따라서 교수자의 역할과 전문성은 더욱 크게 요구된다. 그리고 그것은 '화려한 교수법'이 아니라 학생과 교육을 바라보는 올바른 '관점' 그리고 학생들에게 전달되는 교수자의 '진정성과 열정'에 그 성패가 좌우될 수 있다.

필요한 자가 우물을 판다

필자는 교육학자이지만 세부 전공 분야가 '수업'은 아니다. 교육을 위한 환경 조성과 변화를 연구하는 '교육행정학'이 전공이고, 학부에서는 주로 교육행정, 교육정책, 교사론, 교직실무 등의 수업을 담당하고 있다. 교육학을 학문 배경으로 하고 있기 때문에 교육에 대한 용어나 연구에 친숙하고 접근성이 높다는 점이 교수법 연구에 관심을 갖게 되고 연구에 도움이 된 것도 사실이다.

교수법에 관심을 갖게 된 가장 큰 계기는 '내가 담당하는 수업(교육)을 잘하기 위한 것'이며, 따라서 이것은 어떠한 과목과 전공이든 가르치는 '교수자'라면 공통적인 소망일 것이다. 교육학자만 교육을 연구하는 것이 아니다. 전공을 막론하고 교수자는 자신의 수업을 위해 교육을 고민하고 연구하여 실천하게 된다. '새시대 교수법'으로 유명했던 조벽 교수는 기계공학자였고, '팀기반학습'을 창안하여 필자의 수업에 큰 영향을 준 미국의 미첼센(Michaelsen) 교수는 경영학자였다.

대학원을 다니던 중에 필자는 연구를 위해서 학교와 교직 경험이 필요하다고 생각하였다. 석사과정을 수료하면서 교원임용시험을 준비하게 되었고 운 좋게 합격하여 중학교에서 역사 교사로 재직하였다. 그때의 경험이 사실상 팀 학습의 시작이었다. 처음 발령받은 학교에서 정말이지 '열과 성을 다하여 가르쳤다.' 내가 좋아하는 역사를 모두가 좋아할 줄 알았지만 역사를 좋아하는 학생은 그리 많지 않았다. 교과서의 내용을 전달하는 것만으로도 수업 시간 45분이 항상 짧았다.

어떻게 하면 많은 학생이 역사 과목에 흥미를 가지고 제대로 배울 수 있을까? 두 번째 학교에서 '모둠학습'을 선택하는 것으로 그 고민을 해결해 보기로 했다. 학교에서는 조 또는 팀을 주로 '모둠'이라고 하는데, 6명의 학생을 한 모둠으로 구성하여 6개 정도를 운영하였으니 이것이 필자에게는 최초의 본격적인 팀 학습이었다. 45분의 수업을, ① 15분 핵심 내용 강의, ② 20분 모둠 과제 해결, ③ 15분 발표 및 정리 순서로 구성하였다. 핵심적인 내용을 압축적으로 강의하고 모둠활동지를 제작하여 2~3개 정도의 팀 과제를 제시하고 이를 함께 수행하게 하였다.

어떠한 변화가 있었을까? 수업 시간에 몰입도가 높아졌고 학생들의 역사 이해도 또한 향상되었다. 교사가 '말(tell)'을 줄이고, 학생들이 '참여(involve)'할 공간이 커졌기 때문이다. A부터 Z까지 가르치려 하지 마라! 모두 가르칠 수 없고 '교사가 가르치는 모든 내용을 학생들이 배우는 것도 아니다'. 가르침은 '주입'이 아니라 '도움주기'라는 점을 중학교에서 재직할 때 학생들을 가르치며 체득하였다. 그리고 과제를 '혼자' 해결하는 것이 아니라 '함께' 해결함으로써 더 많이 배우고 성장함을 확인할 수 있었다.

당시 대학원 후배가 교과별 교사모임을 통한 전문성 개발 과정에 대한 연구를 진행하면서 필자가 전국역사교사모임의 홈페이지에 올렸던 글을 논문에 실었다.[2] 내용은 전혀 기억이 나지 않지만 이렇게 열심히 묻고 찾았었나 새삼스럽다. 이 모임에서 많은 정보를 얻은 고마움으로 필자가 개발한 모둠활동지도 이곳에 올렸던 기억이 나는데 오래되어 찾을 수가 없다.

전국역사교사모임 홈페이지에 올렸던 팀 학습 관련 문의글

제목: 남녀 혼성 모둠 어떻게?

작성자: 박수정, 등록일: 2005.02.21 10:53:00, 조회수: 137

안녕하세요? 중학교에 근무하고 있습니다. 2년간 모둠 학습을 해왔는데, 올해부터는 남녀 혼합반으로 되어 걱정이 됩니다. 지금까지는 남자반, 여자반이어서 전체를 비슷한 성적끼리 묶고 그 집단을 나머지 학생들이 고르는 방식으로 모둠을 편성했었습니다. 성적도 고려되고 아이들의 선호도 고려되어 비교적 진행이 원활한 편이었습니다. (성적 A 그룹이 각 조에 한명씩 가게되는 방식)

그런데 남녀 혼합반이고 보니 어찌해야 할지... 저는 6명씩 6조를 운영합니다. 남녀를 한조에 섞는 것이 좋은지, 나누는 것이 좋은지 (남자 22-23명, 여자 17-18명쯤 되니 또 고민되네요), 그리고 성적을 아무리 공개안하고 그룹으로만 묶어주어도 여학생들은 남학생들 앞에서 민감할 듯 합니다. 원하는 학생을 모둠에서 고르는 것도 자칫 여학생들에게 상처가 될까 싶기도 합니다.

그리고 남자반 여자반의 경우 각각의 특성에 맞게 모둠 수업을 할 수 있어서 나름대로 장점이 있었습니다. 그런데 섞이면 혹시 서로의 눈치를 보거나 어느 한 성이 일방적으로 주도하지 않을까하는 걱정도 생깁니다. 좋은 경험 나누어주시면 고맙겠습니다.

이 당시 모둠 과제로 그리고 수행평가 과제로 다양한 시도를 해보았다. 대부분 팀 수행 과제였는데, 예를 들면 역사적 사건을 주제로 영화 포스터 만들기, 짧은 연극하기, 그림 그리기 등 학생들이 창의적인 소재를 더 흥미롭게 접하고 기대 이상의 결과물을 가져온다는 것에 감탄하였다. 도전적인 과제, 예술적인 과제를 발굴하기 시작한 첫걸음이었다.

박사과정에 진학하여 대학에 강의를 나가고, 박사과정 졸업 후 대학의 전임교수가 되어 대학생을 가르치게 되면서 새로운 희망에 부풀었다. 대학생들은 다르겠지! 원해서 수업을 듣는 것이니 좀 더 적극적이지 않을까? 그러나 크게 다르지 않았다. 전공 필수 (혹은 거의 필수에 가까운) 과목이라서 듣는 경우가 많았고, 전공에 대한 흥미도는 학생마다 차이가 컸다. 게다가 학교 급이 올라갈수록 수업에서 '자기 표현'은 점점 약화되는 추세……. 가장 적극적인 시기는 초등학교 저학년으로 끝나는 것인가! 대학 수업에서 교수자가 혼자 '말(tell)'로 수업을 채울 수도 있겠다 하는 불길한 생각이 들었다.

대학 수업에서 팀 학습이라고 하면 어떤 주제에 대하여 조사한 내용의 팀 발표(조별 과제)가 전형적으로 연상된다. 학습할 내용을 요약·발표하기도 하고 팀이 조사·연구한 내용을 발표하기도 한다. 이러한 팀 학습의 경우 대부분 수업 이외의 시간에 팀이 만나서 발표를 준비해야 하는데, 이 과정에서 여러 학생의 참여로 인한 시너지 효과가 날지, 효율적인 역할 배분을 통해 경제적인 발표 준비에 치중하게 될지 알 수 없고, 이를 교수자가 통제하기는 쉽지 않다. 발표의 질적 수준이 미흡하다면, 교수자가 다시 이를 설명해야 하는 상황이 생기고 발표 내용을 학생들이 아니라 교수자 혼자 듣는 경우도 생긴다!

중등학교 교사 경험은 교수법에 대한 고민과 경험의 계기가 되었고 결론적으로 팀 학습이 대안이라는 생각을 강화하였다. 대학에서 팀 학습은 과연 효과적이고 가능할까? 본격적인 도전은 현재 근무하는 충남대학교에 임용된 2010년부터 시작되었다.

팀 학습, 왜 필요한가

　대학에서의 팀 학습 도전은 현재의 대학에 임용된 2010년 2학기부터 시작되었다. 기업의 조직개발 방법인 '액션러닝(action learning)'을 적용하여 교육행정학 전공 수업을 설계하고 운영한 것이다. 직전 근무 대학에서 액션러닝을 적용하여 해외체험학습 프로그램을 운영하고 그 사례를 논문으로 발표한 적이 있었다.[3] 이번에는 액션러닝을 수업에 본격적으로 적용하고 싶었다. 절반의 성공과 절반의 실패를 동시에 맛보았다.[4] 새로운 환경에서 첫 학기에 '실제 과제를 함께 해결하면서 배우는' 과정을 운영하는 것이 결코 쉬운 일이 아니었다. 이제 어떻게 해야 할까?

　고민하다가 2010년 겨울의 계절학기 수업에서 두 번째 시도를 하였다. 효과적인 교수학습 모형을 찾아보다가 '팀기반학습(Team-Based Learning: TBL)'이라는 모형을 접하게 되었고, 이를 그대로 적용하여 교육행정학 교직 수업(2학점)을 설계·운영해 보았다. 결과는 '대박'이었다! 바로 이거다 하는 판단 그리고 상당히 높은 강의 만족도가 이를 증명해 주었다. 팀기반학습은 학생들의 사전학습을 필수로 요구하며 학습준비도 평가-보충 강의-적용학습으로 이루어진 대학의 팀 학습 모형이다. 이와 유사한 모델이 몇 년 후에 그야말로 '대유행'하게 되는데 바로 '플립러닝(flipped learning)'이다. 필자는 대학에서 출발한 팀기반학습 모형을 먼저 접하였고, 교과서[5]에 충실하게 그리고 전공의 성격에 맞게 수업을 설계·운영한 결과 만족할 만한 수업으로 자리를 잡기 시작했다.

팀기반학습을 본격적으로 적용했던 2011년 수업의 강의 평가에서 수강생들은 이런 평을 남겨 주었다.

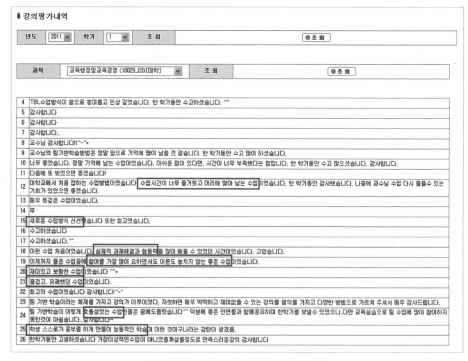

팀기반학습 적용 수업에 대한 강의 평가

이런 긍정적인 반응에 힘을 얻어 팀기반학습을 주로 전공 기초 과목에 적용하여 매학기 수업을 운영하였고 계속적으로 업데이트 해 나갔다. 필자의 주전공인 교육행정학 수업에서 팀기반학습을 적용하였고 수업 사례를 논문으로도 발표하였다.[6] 팀기반학습을 '제대로 배우고 함께 성장하는' 교수법으로 요약할 수 있는데, 학습할 내용이 많고 범위가 넓은 전공 기초, 개론과 같은 과목에 매우 유용하다. 팀기반학습에서는 학생들의 사전학습과 학습준비도 평가를 요구하기 때문에 대학원 수업에도 일부 방식을 적용하기도 하였다. 하여 필자의 수업은 '최소한 책 한 권은 확실하게 뗀다'는 말을 듣고 있다.

이 밖에도 몇 가지 팀 학습 모형을 적용해 보고, 팀 학습 방법을 다양하게 도입하면서 점점 '팀 학습 신봉자'가 되어 갔다. 이것은 필자의 전공과 연구 관심사와도 관련이 있다. 교사교육(교사의 전문성 개발)과 학교 변화에서 '교사 협력'이 중요한 이슈이기 때문에 협력학습, 협력적 문제해결에 크게 끌렸다. 그래서 액션러닝과 같은 기업의 조직개발, 문제해결 방법론에 흥미를 가졌고, 학교와 교사의 당면 과제를 협력적으로 해결하도록 돕는 학교컨설팅 분야를 연구하고[7] 실제로 참여하면서 팀 학습에 대한 관심도 함께 상승하였다.

팀 학습은 어떠한 효과를 기대할 수 있을까? 교육학에서는 협동학습, 협력학습, 소집단 활동 등으로 불리고, 현실에서는 팀플, 팀 프로젝트, 조별 과제 등으로 불리는 팀 학습은 먼저 '내용에 대한 단순한 이해' 차원을 넘어선다는 데 공통적인 특징이 있다. 팀 학습은 고등사고능력(문제해결력, 비판적 사고력, 자기주도적 학습능력 등)과 사회적 능력(협동심, 대인관계능력, 의사소통능력 등)을 향상시키는 데 목적이 있으며 개인의 한계를 넘어서는 집단의 시너지 효과를 얻을 수 있다. [8]

팀 학습의 효과를 교수자 또는 연구자의 관심사에 따라 문제해결, 의사소통, 대인관계, 자기주도적 학습 역량 등으로 적시하기도 하며, 교수법 모형에 따라 특정한 효과를 강조하기도 한다. 예컨대, 대표적인 팀 학습 모형인 팀기반학습은 메타분석 결과 다양한 역량 중 학업성취도, 문제해결력, 학업만족도에서 통계적으로 유의한 효과 크기를 보이는 것으로 나타났다. [9] 팀 학습이 주로 포함되는 플립러닝의 경우, 그 효과는 만족, 성취, 역량, 참여, 비판적 사고, 창의성 순으로 많이 연구된 것으로 분석되었다. [10]

팀 학습이 효과를 가져오기 위해서는 적절한 수업 환경이 마련되어야 한다. 협동적인 학습이 이루어지기 위해서 긍정적인 상호의존성, 대면적인 상호작용, 개별적인 책무성, 사회적 기술, 토론과 평가 과정이 요구된다. [11] 서로 도움이 되는 관계, 서로의 활동을 돕는 상호작용, 구성원 각자의 책무성, 상호작용과 학습을 위한 기술, 구성원 각자와 집단의 노력에 대한 평가 등을 고려하면서 팀 학습을 설계·운영하여야 한다. 이 밖에도 개인 요인, 팀 요인, 교수 요인, 환경 요인 등 다양한 측면의 요인이 팀 학습의 효과에 영향을 미칠 것이다.

필자는 팀 학습이 필요한 이유를 교육의 궁극적인 목적 그리고 활용 측면과 연결하고자 한다. 학생들은 대학 이후 각자의 직업과 삶에서 다양한 과제를 수행하고 문제를 해결할 것이며, 타인과 함께하는 경우가 대부분일 것이다. 대학에서 학생들로 하여금 협력하고 상호작용하는 학습의 경험을 다양하게 제공하여 이를 통해 협력의 주도자가 될 수 있도록 해야 한다. 이것은 미래의 교사들에게도 해당된다.[12] 협력하는 학습자의 경험과 자세가 없는 사람이 교사가 되었을 때 과연 그러한 학습자를 만들어 낼 수 있을까?

21세기를 살아가는 학생이 갖추어야 할 핵심 역량으로 '4C'가 종종 거론된다. 창의성(creativity), 비판적 사고(critical thinking), 의사소통(communication), 협력(collaboration)이 그것이다.[13] '깊은 학습(deeper learning)'을 연구하는 일련의 학자와 실천가들은 여기에 인성(character)과 시민성(citizenship)을 추가한 '6C'를 길러야 한다고 제안한다.[14] 최근 OECD에서는 대학교육에서 창의성과 비판적 사고를 기르는 데 초점을 두고 국제적인 프로젝트를 진행하고 있다.[15] 의사소통과 협업은 타인과의 관계이며 창의성과 비판적 사고도 집단 속에서 더욱 성장할 수 있다. 대학에서 경험하는 팀 학습은 이러한 역량을 키우는 데 있어서 분명 도움이 될 것이다.

학생의 삶과 직업에서 '협력을 통한 성장'의 출발은 수업에서 팀 학습의 경험이며, 그것은 '앞으로도 해 볼 만한' 긍정적인 학습 경험이 되도록 해야 한다. '여기 그리고 지금(here and now)', 수업이 중요하다.

팀 학습이 환영받지 못하는 이유

"팀 학습, 학생들이 좋아할까요?"

대학의 교수자들에게 물어보면 대부분 고개를 가로로 흔든다. 학생들은 어떨까? 좋아한다는 반응이 많지 않다. 왜 그럴까? 팀 학습을 별로 좋아하지 않는다면 그 이유는 무엇일까?

팀 학습에 대한 학생들의 부정적 경험과 인식

- 무임승차자 발생, 팀원 간 편중된 역할 수행
- 팀에 대한 기여도와 관계없는 평가 가능성
- 상대적으로 많은 노력을 투입했으나 저조한 평가 가능성
- 수업 외 시간 투입, 효율적인 학습 선호
- 수업 문화, 개인주의 성향 등

무엇보다도 무임승차자(free rider)가 발생한다는 점이 가장 큰 이유다. 팀원이 모두 동일한 시간을 투입하고 질적인 기여를 한다는 것은 거의 불가능한 일, 누군가 자신의 역할을 충실히 하지 않으면 누군가는 그 역할을 짊어져야 한다. 떠맡는 사람은 대체로 누구인

가? 성실하고 책임감이 있으며 좋은 학점을 얻길 원하는 학생일 것이다. 무임승차에 대한 좋지 않은 기억은 팀 학습에 거부감을 갖게 하는 요인이다.

무임승차자가 있다는 것은 평가에 있어서 차등을 두어야 한다고 생각하게 된다. 팀에 대한 개인별 기여도에 차이 없이 같은 팀이라고 해서 팀원 모두에게 동일한 평가 점수를 부여할 경우, 본인이 많은 기여를 했다고 생각하는 학생은 억울하다는 생각을 갖게 되고, 팀 학습에 대한 부정적인 경험으로 남게 된다.

이것과는 약간 다른 측면에서 성적 평가에 대한 불만이 있을 수 있다. 대부분의 대학 수업은 수강생이 소수가 아니라면 대체로 상대평가를 하도록 하고 있다. 팀 학습이 포함된 수업은 그렇지 않은 수업(예를 들어, 듣기만 하는 수업)에 비하여 많은 노력을 요구한다. 많은 에너지를 투입했을 경우, 그렇지 않은 경우에 비하여 좋은 학점이 나올 것이라고 기대하는 경우가 많다. 그러나 기계적인 학점 비율로 인해 많은 노력을 했고 결과가 좋았어도 기대하는 학점이 나오지 않을 수 있다. 그래서 좋지 못한 기억이 남을 수 있다는 것이다. 사실 이것은 팀 학습이 포함된 수업을 일부러 수강하지 않게 하는 요인이 되기도 한다.

또 다른 이유는 무엇이 있을까? 대학생들은 바쁘다. 수업도 여러 개 듣고, 아르바이트도 하고, 동아리나 취미 활동도 한다. 단 세 명의 학생이라고 해도 수업 외에 시간을 맞추기가 쉽지 않은데 팀 학습은 수업 외 시간을 요구하는 경우가 많다. 수업 중에 이루어지는 팀 학습도 일정한 시간이 소요된다. 많은 내용을 경제적으로 습득하고자 하는 학생이라면 팀 토의 시간이 비효율적으로 느껴질 수 있다. 문제중심학습(Problem-Based Learning: PBL)을 많이 하는 간호대학의 한 교수는 이런 말을 들려주었다. 4학년 수업에서 PBL을 하겠다고 하면 "그냥 강의해 주세요."라고 한다고……. 국가 시험을 앞두고 시간이 금이니 지식을 짧은 시간에 '습득하고 싶은 마음인 것이다'.

이 밖에도 필자는 대학생의 수업 문화와 세대 특성도 하나의 요인으로 지적하고 싶다. 앞에서도 잠시 언급했는데, 가장 활발하게 손을 들고 질문하고 발표하는 때는 초등학교 저학년인 듯하다. 혹은 유치원을 마지막으로……. 학교 급이 올라갈수록 수업 중에 의견을 말하는 학생의 수는 적어지고 입을 다무는 학생이 많아진다. 아쉬운 점이다. 우리 대학생들은 인지적으로는 우수하나(수학을 보라), 지명받지 않으면 공개적으로 '입을 열지 않는다'. 미국의 대학 수업에서 거리낌 없이 말하고 질문도 활발한 것과 대조적인 장면이다. 조용한 학생들 때문에 교수자의 말하기(tell)가 많아지는 것인지 그 반대인지는 정확치 않다. 또한 학생 세대의 개인주의적인 특성이 점점 강화되고 앞으로도 강화될 것을 예측하기는 어렵지 않다.

가장 부담이 약하다고 생각되는 조별 과제 형식의 팀 학습(집단탐구)의 경우에도 팀 프로젝트는 부담스러운 활동으로 인식되고 있다. 대학 교양과목('인간과 교육')에서의 연구 결과, 학생들은 서로 바쁜 가운데 시간을 맞추어 만나야 하고, 학습 과정 및 학습 결과에서 서로의 참여도 및 능력에 영향을 받는 것이 부담스럽다고 하였다. 팀 프로젝트를 통해 인간관계능력을 배울 수 있다는 점은 인정하지만 타인과의 인간관계에 신경이 쓰인다고도 하였다.[16]

교수자 또한 할 말이 없는 것이 아니다. 팀 학습을 시도해 보았지만 원하는 수준의 과정과 결과물이 나오지 않는 경우, 팀 학습 과정에서 학생들의 갈등이나 불만에 직면하는 경우, 팀 학습을 부담스럽게 생각하는 학생들의 수강 신청이 저조하거나 강의 평가가 좋지 않은 경우를 경험하기도 한다. 그렇다면 굳이 번거로운 팀 학습을 할 필요가 있는가? 이런 생각에 내가 잘 알고 있는 내용을 준비하여 학생 전체를 상대로 '잘 전달'해 주면 된다고 결정하게 되는 것이다.

그렇다면 지금까지 거론한 요인 때문에 팀 학습은 하지 말아야 할까? 당연히 아니다!

무임승차자를 완전히 없앨 수는 없더라도 줄이면 된다. 공정한 평가는 최대한 시도해 볼 수 있다. 학생들이 수업 시간 외에 만나기 어렵다면 수업 시간 내에 100% 이루어지는 팀 학습도 있다. 혼자 공부하는 것이 능률적이라고 생각하는 학생들에게는 함께 공부할 때 더 나은 결과를 도출할 수 있다는 성공 경험을 맛보게 하면 어떨지. '튀지 않으려는' 수업 문화는 '필요하면 앞장서는' 수업 문화를 함께 조성해 보는 노력을 요구한다. 학습자와 교수자 모두가 경험한 팀 학습에 대한 트라우마는 새로운 도전과 경험을 통해 벗어 버릴 수 있기를 기대한다.

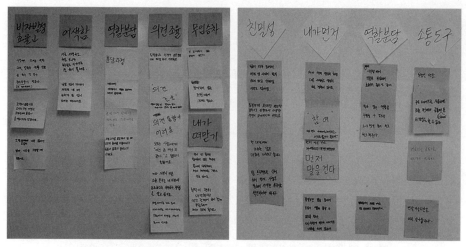

대학생들이 생각하는 팀 학습의 어려움(왼쪽)과 팀 학습의 성공 요인(오른쪽)
수업에서 교수자가 이러한 환경을 마련해 주고 학생들의 역동적 참여를 기대해 볼 수 있다.

팀 학습을 같이했던 팀원을 앞으로 다른 수업에서도 만나고 싶다면, 그것이 바로 성공한 팀 학습이라고도 볼 수 있다. 그것은 팀원 각자의 개인적인 요인이 기인할 수도 있으나, 팀 학습이 이루어지는 환경을 마련하는 교수자와 수업 측면의 요인이 함께 작용한 결과일 것이다. 필자의 수업에서 같은 팀이었던 학생들이 이후 교직과목을 함께 선택하여 수강하고, 팀 활동도 함께 하였다는 이야기를 전해 들었다. 이렇게 가끔 들려오는 피드백에 힘을 얻는다.

저항을 가져오는 요인으로 인해 팀 학습을 피하는 것은 옳지 않다. 교육적으로 바람직하다면 그리고 실보다 득이 훨씬 많다면 당연히 해야 하지 않을까?

다양한 팀 학습 방법

교수법 특강에서 필자가 자주 던지는 질문이 있다.

"교수법은 몇 가지나 있을까요?"

정답은……. 모른다. 아주 많다. 확실한 것은 100가지는 넘을 것이다! 이 질문은 교수법은 매우 다양하고, 지금도 앞으로도 새롭게 만들어진다는 점을 강조하는 데 의미가 있다. 교수법 '모형'이라고 부를 만한 것과 '방법'이라고 부를 만한 것까지 포함하면 실로 수백 가지는 될 것이다. 교수법에 대해 유연하고 개방적인 사고가 필요하며, 교수법을 제대로 그리고 많이 알수록 수업 중에 활용할 수 있는 자산이 커지는 것은 분명하다.

팀 학습은 학생들이 협력하면서 상호작용을 통해 학습 효과를 증진시키기 위한 소집단 형태의 수업 방법이다. 팀 학습의 구체적인 방법으로 토의와 토론, 실험과 실습, 롤 플레이, 조별 과제(집단탐구) 등을 들 수 있다.

첫째, 토의(discussion)와 토론(debate)은 구분되는 팀 활동이다. 가장 흔히 이루어질 수 있는 방법은 '팀 토의'이며, 주제를 두고 열린 대화를 하거나 문제해결을 하기 위한 과정이 될 것이다. 토의의 주제와 방식은 비구조화된 것에서부터 구조화된 것에 이르기까지 다양하며 시간이나 인원도 다양하다. 토의를 열린 대화라고 한다면, 토론은 찬반이나 A 또는 B와 같이 입장을 가지고 하는 대화다. 토론은 여러 가지 모델이 있다. 가장 간단한 토론 방법을 소개하면 자신의 입장에 대해 상대방을 설득하는 자유로운 방식이 있고, 강제 할당 방식으로 특정 입장을 부여하고 그 입장에 서서 토론한 후 입장의 변화가 있는지 확인하는 방식도 있다.

둘째, 실험과 실습이 소집단으로 이루어지면 팀 학습으로 포함할 수 있다. 전공에 따라 실험과 실습의 성격과 활동이 매우 달라서 일률적으로 말하기는 어려우나, 이공계 분야의 실험실에서 이루어지는 실험을 떠올린다면 가장 대표적이라고 할 수 있다. 일정 인원의 학생들이 함께 실험하면서 특정한 문제를 분석·해결하는 과정은 이공계 분야에서 자주 이루어지는 팀 학습이다. 기기 실습이나 프로그램 실습 등을 조별로 운영한다면 이것도 팀 학습이며, 교수자의 실습에 대한 전문적인 지도와 지원이 당연히 동반되어야 한다.

셋째, 롤 플레이(role play)는 역할놀이 내지 역할극으로 불리며, '1인극'이 아닌 이상 여러 사람의 역할과 참여를 필요로 한다. 예컨대, '교사의 학부모 상담'을 롤 플레이 할 경우, 특정한 상담 상황을 제시하고 1명은 교사, 1명은 학부모가 되어 상담을 해 보면서 상담 기법을 배울 수 있다. 이 경우에는 6명이 한 팀이라면 2인 1조로 롤 플레이를 하고 이 과정을 서로 지켜보게 하면, 스스로 롤 플레이를 하면서 그리고 관찰하면서 학습이 더욱 촉진될 수 있다. 대학 교양 과목('다문화사회와 공존의 인문학')에서는 일상생활에서의 사회적 상호

작용(갈등, 교환, 협동, 경쟁)을 주제로 역할놀이를 진행한 사례를 보고하였다.[17]

넷째, '조별 과제'로 불리는 팀 과제 수행은 가장 보편적으로 이루어지는 팀 학습 방법으로, '집단탐구(group investigation)'로도 불린다. 수업 시간 외에 주로 과제의 형태로 이루어져 최종 발표 외에는 교수자가 직접 관리·지원하는 팀 학습이라고 보기는 어려우나, 현실적으로 가장 많이 이루어지고 있다. 학생들이 소집단을 이루어 공동의 관심 주제에 대해 주도적으로 자료를 수집·분석하여 결과를 도출해서 발표하는 방식이며, 교수자의 운영 방식에 따라 효과가 달라질 수 있다.[18] 통상 N분의 1로 역할을 분담하여 자신의 몫만 수행하면 된다고 생각하는 조별 과제에 대한 매너리즘[19]을 변화시키는 것이 관건이다.

이제 본격적인 팀 학습 모형을 살펴볼 차례다. 대학과 초·중등학교에서 활발하게 활용되는 방법은 프로젝트학습, 문제중심학습, 팀기반학습, 플립러닝, 액션러닝, 직소러닝(jigsaw learning) 등이 있다. 학생을 개별적으로도 지도할 수 있지만 소집단 지도가 중심이 되는 경우가 많기 때문에 팀 학습 모형에 포함시켰다. 다음에 각 모형의 주요 개념만 간단히 제시해 본다.[20]

<표 1> 본격적인 팀 학습 모형

모형	개념
프로젝트학습 (project-based learning)	실제 문제 또는 과제에 대한 집중적인 탐구와 결과물 개발 과정에서 학습자들이 지식과 기술을 학습하게 하는 교수학습방법
문제중심학습 (problem-based learning)	구조화된 가상의 문제에 대하여 문제의 내용과 방법을 학습자 스스로 찾아가면서 문제를 해결하고, 그 과정에서 지식과 기술을 학습하게 하는 교수학습방법
액션러닝 (action learning)	학습자들이 팀을 구성하여 조직과 개인의 중요한 실제 과제를 협력적으로 해결하고, 과제를 해결하는 과정에서 역량을 실질적으로 구축하는 활동
팀기반학습 (team-based learning)	문제 상황 속에서 개인의 사전학습과 팀 구성원 간의 상호작용을 통해 개인과 팀의 성과를 극대화하기 위한 구조화된 교수 전략
플립러닝 (flipped learning)	기존의 전달식 강의 수업 후 과제 수행 방식과 반대로 학습자가 수업 전에 사전학습을 하고, 수업 중에 심화된 학습 활동을 경험하는 학습자 중심의 자기주도적 수업 방식
직소러닝 (jigsaw learning)	학습 내용을 나누어 팀원이 각자 한 부분을 학습하고, 같은 내용끼리 모여 심화학습을 한 후 각자의 팀에 돌아가 설명하는 학습 방식(전문가 학습)

교수법마다 적합한 상황이 다르기 때문에 무엇이 최고라고 말할 수 없다. 필자는 팀기반학습과 액션러닝을 주로 사용해 왔다. 비대면 상황이라고 완전히 새로운 방법이 요구될까? 팀기반학습을 주로 하고 있으나, '학습준비도 평가'를 통제하면서 운영하기는 어려운 관계로 사전학습과 심화학습은 동일하지만 학습준비도 평가를 필수로 요구하지 않는 플립러닝을 하게 되었다. 액션러닝은 비대면

상황에서 이루어진 지역사회 연계 프로젝트에서 시도해 보았다. 팀으로 15분 정도의 영화를 제작하는 스마트폰 영화 제작 교육방법[21]도 활용하고 있는데, 비대면 상황에서 본격적인 영화 제작은 쉽지 않기 때문에 액션러닝 적용 수업에서 다른 형식의 동영상을 제작해 보도록 하였다.

기본은 역시 대면 수업에서의 팀 학습이다. 적용과 변형을 하더라도 제대로 알아야 무엇을 변화한 것인지 알 수 있다. 관심 있는 교수법을 먼저 정확하게 찾아서 이해하고, 이것이 비대면 상황에서 효과적으로 작동될 수 있는 방법을 찾으면 된다.

제2부

온라인 수업에서
팀 학습 준비하기

온라인 수업, 어떻게 하나

온라인 수업은 원격교육(distance education)에서 이루어지는 수업이다. 원격교육은 관련 기술의 발전에 따라 시공간을 뛰어넘는 교육이 필요한 학습자들을 위해 고안되었다. 대면교육(출석 수업)과 원격교육 방식을 혼합한 블렌디드 러닝(blended learning)에 대한 연구도 활발하다. 블렌디드 러닝은 개인별 맞춤형 학습에 효과적이고, 특히 학력 보충이 필요한 학생에게 개별화된 학습 진도를 운영할 수 있다는 점이 장점이다.[1]

문제는 원격교육이 모든 교육 장면에서 '디폴트 값(defáult vàlue)'으로 설정되었다는 점이다. 원격교육의 장점과 이에 적합한 학습자, 그에 맞는 콘텐츠와 교육 프로그램 설계를 고민하는 것이 아니라 대면 수업을 기본으로 하는 일반 학교에서 원격교육을 해야만 하는 상황이 된 것이다. 환경적인 요인으로 인해 기존의 교육 방식은 새롭게 변화되어야 하였다.

연구자는 온라인 수업을 진행한 경험이 전혀 없었으며, 온라인 수업을 진행하기 위한 별도의 훈련 과정 없이 수업을 준비해야 했다. 전세계적으로 발생한 전염병인 코로나19의 국내 확산으로 유례없이 진행된 온라인 수업에서 여러 시행착오를 거치면서 학생들의 참여를 위해 다양한 교수학습 활동을 시도했다.[2]

대학에서 강사로 임용된 교수자의 이야기는 이러한 상황을 정확히 보여 준다. 경험도 없고 배운 적도 없으며 도움도 없는 상황. 이제 조금씩 학교 차원의 지원이 이루어지고 있지만, 모두가 처음 마주한 급박한 상황에서는 '각자 알아서' 원격교육을 운영하였다. 교육학 전공의 교수자는 그래도 어느 정도는 이해가 있고 방법도 찾아볼 수 있었을 것이나, 많은 교수자에게 비대면 수업은 계속되는 '시행착오'와 '도전'이었을 것이다.

원격교육은 교수자가 생성한 강의 영상과 자료만을 학습자들에게 제공하는 것에 그치는 것이 아니라 학습자와 학습자, 교수자와 학습자 간의 상호작용을 포함하는 것이다. 그러나 이에 대한 경험과 이해가 불충분한 상태에서 원격교육에 활용되는 비대면 수업의 방식은 크게 '자료 제공'과 '실시간 수업'으로 구분되었다.

첫째, 자료 제공은 동영상 콘텐츠, 음성 자료, 읽기 자료 등을 탑재하여 학습을 안내하는 방식으로 언제 어디서나 자유롭게 학습할 수 있도록 하는 방식이다. 준비되지 않았던 2020년 1학기에는 타인이 출연한 동영상을 수업 링크로 올리는 경우가 많았으나, 2학기부터는 대부분의 학교에서 교수자가 직접 제작한 동영상에 한하여 인정하는 경우가 일반적이다. 이전에 사이버 강의를 운영하면서 동영상 콘텐츠를 제작한 경험이 있는 교수자라면 문제가 없었겠으나,

대부분 새롭게 자료를 제작해야 하는 상황에 놓이게 되었다.

둘째, 실시간 수업은 온라인 공간에서 정해진 시각에 교수자와 학습자가 만나서 수업을 진행하는 것이다. 이 방식은 많은 교수자에게 낯설었던 것이나, 2020년에 줌, 웹엑스, 구글클래스룸 등의 화상회의 또는 교육용 플랫폼을 통해 급속도로 확산되었다. 실시간 접속을 통해 학생들과 함께 수업이 이루어지는 장점이 있으나, 실시간 수업의 운영은 대면 수업과는 또 다른 숙제를 가져온다. 수업시간은 교수자의 통제 안에 있으나, 얼굴만 보거나 또는 얼굴도 보지 못하는 온라인상의 만남은 허공으로 날아가는 고독한 교수자의 독백에 그칠 수 있다.

앞의 학생들과 교수자들의 이야기를 통해서 알 수 있듯이, 이 방식은 상보적으로 이루어지기보다는 한 가지 방식만 이루어지는 경우가 많았다. 그것은 교수설계를 하는 교수자가 선호하고 익숙한 방식으로 정해졌을 가능성이 높다. 그러나 상호작용 시간을 반드시 포함하도록 하는 대학이 늘어나고 있는데, 예컨대 강원대학교의 경우에는 2020년 2학기에 '온라인 오피스아워 튜터링'을 도입하고, 과목당 주 1시간 이상 화상회의 플랫폼을 통해 학생과 질의응답 및 심화학습 시간을 확보하도록 하였다.[3]

대학에서는 사실 오랫동안 블렌디드 수업을 해 왔다. 실시간 수업(대면 수업)을 기본으로 하되, 학습관리시스템(Learning Management System: LMS)를 통한 자료 제공과 수업 외 소통을 해 왔던 것이 일반적이다. 필자도 오랫동안 대면 수업 외에 LMS를 통해 수업 자료 탑재, 수업 일정 안내, 과제 제출 등의 활동을 해 왔다. 따라서 전자, 즉 실시간 수업을 대면으로 하지 못하는 상황에서 이를 비대면 실시간 수업으로 전환하고, 자료 제공을 보조적으로 운영하는 것이 지금과 같은 상황에서는 가장 유용한 방식으로 부상하였다.

나의강의실

- 강의홈
- 강의계획서
- 주/회차 관리
- 과목공지
- 자료실
- 질문답변
- 자유게시판
- 과제관리
- 토론관리
- 팀프로젝트관리
- 시험관리
- 설문문항관리
- 설문관리
- 학습현황
- 성적관리

■ 강의홈

| 과목명 | 교육학교육론 (00반) |

■ 공지사항

제목	등록일
지역연계 프로젝트 운영사례 정리 및 인사	2020.12.22
교육학교육론을 마치며	2020.12.07
3차 프로젝트 발표 및 평가기준 안내	2020.11.30
↳Re [RE] 3차 프로젝트 피드백 + 학생 상호 평가 결과	2020.12.07
↳Re 지역연계 프로젝트 마무리 : 팀 & 개인 성찰 (16)	2020.11.30

■ 강의학습현황

● 강의진도

권장 진도		(0%)
평균 진도		(0%)
진도미달 인원	0명/19명	

※ 권장 진도는 현재 날짜기준 주/회차까지 완료해야하는 진도율입니다.
※ 평균 진도는 현재 날짜기준 주/회차까지 완료된 학생들의 평균 진도율입니다.
※ 진도미달 인원은 권장진도율에 미달된 학생의 인원입니다.

대학 LMS 교수자용 화면 예시(충남대학교)

원격교육에서 온라인 공간에서의 '만남'은 반드시 필요하다. 교수자와 학습자의 만남, 학습자와 학습자 상호 간의 만남이다. 수업은 일종의 '대화'이며, 이러한 상호작용을 위해서는 만나야 한다. 이런 생각으로 수업은 실시간 온라인 수업을 중심으로 운영하고, 이것을 대면 수업에서와 마찬가지의 환경을 만드는 요인은 무엇일지 찾아보기 시작하였다.

학생들에게 제공할 자료 제작의 구성과 기술 측면도 중요하다. 특히 '강의할 내용'에 해당하는 것은 자료에 대한 사전학습으로 운영하고, 실시간 수업에서는 이것의 확인, 보충 설명, 심화학습을 하는 것으로 한다. 그리고 실시간 수업에서 학습자의 참여와 상호작용, 팀 학습을 포함할 방안을 찾아서 포함할 필요가 있다.

온라인 수업에서 효과적인 수업 설계

원격대학이 아닌 이상 자료 제공 방식의 수업만으로 운영하는 것은 학습 효과 측면에서도 우려가 있지만, 학교가 존재하는 이유에 대한 근본적인 질문을 던질 수 있다. MOOC와 같이 학교에 등록하지 않아도 배울 수 있는 공개 강의가 이미 존재하고 정책적으로도 장려되고 있으며, 이를 학점으로 인정하는 사례도 있다. 방송통신대학교, 사이버대학교 등 100% 사이버 강의로 운영되는 대학도 있는데 온라인 학습 환경을 필요로 하는 학습자에게는 적합할 수 있다.

그러나 동영상 콘텐츠로 학습하고 정해진 때에 동일한 시험을 보라고 한다면, 그것은 과연 학교라고 할 수 있을까? 정보와 지식은 각자 찾아보면 되는 것 아닌가? 극단적인 사례이나 교수자가 탑재한 동영상 콘텐츠를 학기 중 언제든 시청하게 하고 마지막에 지필 평가만을 실시하는 경우도 있었다. 이 경우 최소한 강의 자료를 일정 기간 학습하게 하고, 학습의 과정과 결과에 대한 피드백이 어떤 방식으로든 제공되어야 한다.

줌과 같은 화상회의 도구를 통한 실시간 수업만을 운영하는 것은 어떨까? 필자는 실시간 수업을 원칙으로 하고 있다. 동영상 수업으로 수업 시간의 일부를 대체하는 경우는 있어도 매주 만나 학습

과정을 확인하고 피드백하는 것이 필요하다고 생각하기 때문이다. 그러나 실시간 온라인 수업을 100% '직접교수법', 즉 교수 혼자 학습 내용을 설명하는 방식으로 운영하는 것은 오히려 자료 제공 수업보다 만족도가 떨어질 수 있다. 설명형 수업이라면 언제 어디서나 자유롭게 학습할 수 있는 동영상 콘텐츠가 더 효과적일 수 있다.

실시간 수업을 온전히 '직접교수법'만으로 운영하는 것은 단연코 '비추천'이다. 그렇다면 어떻게 하는 것이 효과적일까? 두 가지 방식을 적절히 혼합하는 블렌디드 러닝이 필요하다. 특히 학습 내용의 기초적인 이해는 자료 제공으로, 학습 내용의 심화와 적용은 실시간 수업으로 운영하는 것을 추천한다.

구체적으로는 다음과 같이 설계해 볼 수 있다.

- 주차별로 자료 제공 + 실시간 수업을 번갈아 구성
- 같은 주에 자료 제공 + 실시간 수업으로 운영
- 실시간 수업만으로 운영

첫째, 주차별로 번갈아 구성해 볼 수 있다. 15주의 수업에서 3주를 단위로 하여 1~2주차는 제공된 자료를 통한 개인학습, 3주차는 실시간 수업을 통한 실시간 학습으로 운영하면서 개인 학습의 확인과 심화학습을 하는 것이다. 이 경우 3주차는 새로운 콘텐츠가 아니라 1~2주차에 대한 확인학습과 심화 및 적용을 하는 것으로 설계하고 15주를 적절히 배분하여 운영한다.

예시) 1주차 수업 안내, 기본 개념 강의(실시간 수업), 2~4주차 1라운드, 5~7주차 2라운드, 8주차 중간고사 또는 특강, 9~11주차 3라운드, 12~14주차 4라운드, 15주차 기말고사 또는 과제 발표

둘째, 같은 주에 자료 제공 + 실시간 수업으로 운영하는 것이다. 3학점인 경우 동영상 콘텐츠 학습 1시간 인정, 실시간 수업 2시간 인정 등으로 구성한다. 1시간 + 2시간, 1.5시간 + 1.5시간, 2시간 + 1시간 가능하다. 이 경우 동영상 콘텐츠를 미리 학습하게 하고 실시간 수업에서 이에 대한 확인학습과 심화 및 적용을 하는 것으로 설계한다. 매주 만나면서 학습 과정을 점검하는 장점이 있다.

예시) 매주 자료 제공 1시간 + 실시간 수업 2시간 / 자료 제공 1.5시간 + 실시간 수업 1.5시간 / 자료 제공 2시간 + 실시간 수업 1시간

셋째, 실시간 수업만으로 운영하는 경우도 있다. 이 경우 교수자의 강의로만 채워지지 않도록(이것은 동영상 강의가 더 적절하다) 학생들에게 사전학습을 필수로 부과하는 것이 바람직하다. 학생들의 사전학

습을 학점(시간)으로 인정하지 않는 것인데, 이 방법은 학생들의 부담감과 심리적 저항이 있을 수 있다. 팀기반학습으로 수업을 운영해 왔던 필자는 학생들이 혼자 예습하기에 적절한 '책'을 사전학습 자료로 활용했는데, 이것은 수업을 위한 책무이지 시간 인정의 개념은 아니었다. 그러나 수업에 대한 준비의 부담이 크게 느껴졌을까? 과거와 동일한 방식으로 운영했으나 강의 평가 점수가 대면에 비하여 하락하는 현상이 나타나 고민이 좀 되고 있다.

예시: 실시간 수업 100% 운영(사전학습을 바탕으로 한 확인학습과 심화 및 적용 학습)

혹시 실시간 수업에서 앞으로 학습할 동영상 콘텐츠에 대한 개괄적인 설명을 하고, 이후 제공 자료에 대한 개인 학습을 진행하는 것은 어떨까? 첫째 방법에서 주차별 구성을 반대로 하는 것이다. 이것도 불가능한 것은 아니나 학습 효과는 상대적으로 낮아질 것이다. 둘째 방법에서 제공 자료에 대한 학습 없는 실시간 수업, 셋째 방법에서 사전학습 없는 실시간 수업은 해서는 안 되는 것일까? 가능할 수 있지만, 실시간 온라인 수업은 '강의' 대신 '상호작용'하는 것이 바람직하여 사전학습 후 만나는 것이 효과적이다. 학습한 내용을 바탕으로 이를 확실하게 다지고 발전시키는 것이 교수자가 해야 할 일이며, 이를 실시간 만남을 통해 달성할 수 있을 것이다.

🏫 '플립러닝'이 다가오다

지금까지 설명한 방식이 어디선가 들어 본 내용은 아닌가? 그렇다, '거꾸로 학습'으로도 불리는 '플립러닝'이다. 2012년에 본격적으로 'Flip your classroom'⁴이라는 화두를 던진 미국의 고등학교 화학 교사 버그만(Bergmann)과 샘즈(Sams)는 다음의 질문으로부터 출발하였다.

> "학생들이 출석하지 않고도 모든 강의를 들을 수 있다면
> 수업 시간은 무슨 가치가 있을까?"
> "학생들이 교사와 함께 있을 때 진짜로 필요로 하는 것은 무엇일까?"

그리고 가장 핵심적인 질문은 바로 이것이었다.

> "학생들과 마주하는 시간을 가장 잘 활용하는 방법은 무엇일까?

학생들은 수업을 들을 때보다 수업 내용을 바탕으로 응용·심화 문제를 풀 때 어려움을 겪어서 이때 교사나 동료 학생들의 즉각적이고 밀착된 도움을 필요로 한다. 따라서 지식을 전달하는 교사의 역할은 기술의 도움을 받고, 대면 수업에서는 교사나 동료 학습자

의 도움을 받아 복잡한 응용문제를 해결하는 것이 바로 '교실을 뒤집는' 아이디어였다.

이들은 2012년 『당신의 교실을 뒤집어라』라는 책에 이어, 2014년 에는 『플립러닝 3.0』[5]을 펴냈다. 이들의 교육 방법은 KBS에서 방영된 다큐멘터리 '미래교실을 찾아서'(2014년), '거꾸로 교실의 마법'(2015년) 등을 통해 한국에 큰 반향을 일으켰다. 미래교실네트워크가 결성되어 초·중등학교 교사들의 플립러닝 수업 사례가 책으로도 발표되었고, 이 교육 방법은 대학에도 큰 영향을 주었다.

이전에도 사전학습을 필수로 하는 팀기반학습 모델이 있었고, 교육학에서 완전학습 이론이 있었으나 플립러닝은 엄청난 속도로 대학가를 강타하였다. 학교현장에서는 플립러닝이 여러 교수법 중 하나라는 인식이 있었기 때문에 열풍이 잠잠해진 느낌이 있으나, 대학에서는 플립러닝 열풍이 거세졌다. 획기적인 교수법으로 플립러닝이 소개되면서 대학교육 혁신의 모범 답안으로까지 인식되었다.

사실 필자는 플립러닝이 크게 유행할 당시에는 특별히 관심을 두지 않았다. 만능의 교수법은 없다는 것을 알고 있었지만 엄청나게 유행하는 교수법을 굳이 나까지…… . 뒤늦게 관심을 갖게 된 것은 이미 운영하고 있는 팀기반학습과 매우 유사하다는 점 외에도 플립러닝에 대한 연구가 오랫동안 매우 활발하게 이루어지고 있다는 점이었다. 6년 동안(2013~2018년) 발표된 플립러닝 연구물은 680편이고, 그중에서 대학생을 대상으로 하는 연구물은 463편으로 나타났다.[6] 이러한 폭발적인 연구량은 실제 수업 적용이 그만큼 활발하다는 증거로 볼 수 있다.

하여 플립러닝에 대한 연구를 2020년 초에 본격적으로 해 보는 기회를 가졌고, 앞에서 인용한 플립러닝의 핵심 질문을 만나는 순간은 사실 '충격'이었다. 플립러닝에서 중요한 것은 수업 뒤집기나 동영상 활용이 아니라 '학생들과 만나는 시간의 활용'이라는 점이다! 그것은 필자의 교육관과 매우 유사한 것이었고 '팀 학습 신봉자'에게 딱 맞는 교수법이었던 것이다.

플립러닝을 번역하면 거꾸로 교실, 거꾸로 학습, 역진행학습, 역전학습, 반전학습 등으로도 불린다. 플립러닝을 정확히 이해하기 위해 대유행을 선도한 책에서 사용한 용어와 개념의 변화를 살펴보자.

> • Flipped classroom(2012년)
> – 기본적이고 핵심적인 교과 내용을 교사가 제작한 동영상을 통해 학생들이 수업 전에 미리 보고 오게 하고, 수업 시간에는 질의응답이나 토론, 또래학습, 팀 활동 등 학생 중심 학습으로 바꿈으로써 기존의 수업 형식을 뒤집은 것
> • Flipped learning(2014년)
> – 전달식 강의를 전체 학습 공간에서 개별 학습 공간으로 옮기고, 그 결과 남겨진 전체 학습 공간을 역동적이고 상호 학습이 가능한 환경으로 바꾸는 교육실천

'교실'과 '학습'의 차이에서 알 수 있듯이, 처음에는 교사가 제작한

동영상과 학생 중심 수업을 강조하였던 것이 점차 전달식 강의의 개별적 접근과 상호 학습의 수업으로 변화된다. 기술의 활용, 구체적인 수업 방법의 예시가 아니라, 학생들과 마주하는 시간을 잘 활용하기 위한 고민과 해결책이 중요하다면 플립러닝이라고 볼 수 있는 것이다. 플립러닝은 단순한 시간적 전환이 아닌 학습의 주도권 전환(학생 주도)으로도 언급되고 있다.[7]

이러한 개념과 선행연구를 바탕으로 필자는 플립러닝을 이렇게 정의해 보고자 한다.

- 플립러닝은 기존의 전달식 강의 수업 후 과제 수행 방식으로 전환하여 수업 전에 사전학습을 토대로 수업 중에 심화된 학습활동을 경험하는 학습자 중심의 수업 방식이다.
- 충실한 사전학습을 위해서 학습자의 '자기주도적 학습(self-directed learning) 역량'이 필요하고, 심화된 학습활동을 위해서 '팀 학습과 같은 적극적인 상호작용'이 필요하다.

비대면 원격교육이 필요한 상황에서 플립러닝은 '블렌디드 러닝'에 적합한 모형으로 더욱 가깝게 다가왔다. 2020년 초에 개인적으로 연구하였던 경험은 2020년 2월부터 시작된 재난 상황에서 실제 수업에 적용하기 시작하였고, 본격적으로 경험적인 사례를 수집하면서 관련 지식과 기술을 축적하게 되었다. 역시 Learning by doing!

플립러닝, 제대로 알자

　플립러닝을 수업 전 강의와 수업 중 학습활동으로 구성된 특정한 교수모형으로 보는 견해가 많지만, 전통적 수업 방식을 개선하기 위한 노력에서 등장한 새로운 인식체계 내지 수업과 학습의 패러다임으로 보기도 한다.[8] 플립러닝을 문제중심학습, 프로젝트수업, 팀기반학습 등과 결합하거나[9] 사전학습을 하고 수업 중 활동은 하브루타, 직소모형 등으로 운영하는 등[10] 플립러닝을 '사전학습'에 한정하여 생각하는 경우도 있다.

　플립러닝에 대한 이해와 적용은 다양하게 이루어질 수 있으나, 먼저 그 내용을 정확히 파악하면 자신의 수업에 적절하게 활용·변형하는 데 도움이 될 것이다.

　지금까지는 수업에서 '기억과 이해'를 위한 시간을 많이 소요하는 것이 일반적인 방식이라면, '적용, 분석, 평가, 창조'와 같은 상위 단계의 목표를 달성하는 데 시간을 할애하자는 것이 플립러닝의 기본적인 주장이다.[11] 이것은 수업 전 그리고 수업 중에 해야 할 일의 지침이 된다.

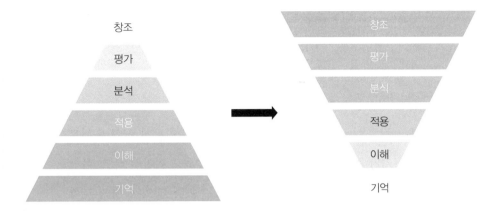

[그림 2-2] 플립러닝에서 교육목표 뒤집기

　플립러닝에서는 학습자와 교수자의 개념, 수업의 양상이 변화된
다. 첫째, 수동적이었던 학습자들이 능동적인 수업 주체로 바뀐다.
둘째, 감독자나 지식 전달자였던 교수자의 역할이 학습자들의 학습
을 돕는 조력자로 바뀐다. 셋째, 교수자는 교실 수업을 통해 학습자
들이 이해하지 못한 내용을 파악하고, 학습자들의 이해 정도에 따
라 개별적으로 지도하거나 문제해결 활동을 한다. 이러한 특성이
발휘되기 위해서는 융통성 있는 환경, 변화된 학습 문화, 의도된 학
습 내용, 전문성을 갖춘 교수자가 필요하다.[12]

　플립러닝의 주요 특징으로 학습자의 자기주도성 향상, 교사와 학
생, 학생과 학생 간의 관계 안에서 활발한 상호작용, 학습자 개인의
속도와 능력에 따른 개별화 학습, 협력학습의 활성화 등이 제시되고
있다.[13] 이는 곧 플립러닝의 기대효과와도 연결되는데, 구성주의적
관점의 학습자 중심 교수학습 구현, 미래교육 패러다임이 반영된 교

수학습 구조의 변화를 통한 교육의 효과성 증대, 맞춤형 개별화 수업 실현, 학습자의 자기주도 역량 및 복합적 문제해결 역량 도모, 협동 학습 체제의 능동학습에 따른 완전학습 기대 등이 있다.[14]

플립러닝은 과연 어떤 효과가 있을까? 실험연구 95편에 대한 메타분석 결과[15]를 살펴보면, 인지적·정의적·대인관계 영역 순서로 효과 크기가 큰 것으로 나타났다. 인지적 영역은 비판적 사고, 학업 성취도, 자기주도학습능력, 문제해결력 순으로, 정의적 영역은 학습동기, 학습태도, 수업만족도, 자기효능감, 수업참여도 순으로, 대인관계 영역은 상호작용, 의사소통능력, 협동심 순으로 효과가 나타났다. 플립러닝의 효과는 학업 성취보다 학습동기와 학습태도에 더 크게 나타난다고 분석한 결과[16]처럼 접근에 따라 결과에 차이가 나타나기도 하나, 플립러닝의 효과는 경험적으로 증명되고 있다.

선행연구에 의하면, 다음과 같은 상황에서 플립러닝의 효과가 증진될 것으로 보인다. 초·중등학교의 사례도 포함되어 있고 대부분 대면 상황에서의 연구 결과라는 점에 주의할 필요가 있으나, 플립러닝이 제대로 운영될 수 있는 데 도움이 되는 수업 환경으로서 참고할 만하다.

- 30명 미만의 학급 편성, 4명의 1개 팀 구성
- 플립러닝을 7~9주 실시
- 과제 부여 후 사전학습 확인, 충분한 토론 시간(25~30분) 부여

플립러닝의 효과와 장점은 분명하지만 어려움 또한 있다. 플립러닝의 단점으로 학습자의 자기주도적 학습에 대한 부담과 컴퓨터 사용 시간의 증가, 사전학습을 수행하지 않고 수업에 참여할 경우 그룹 활동이나 수업 진행의 어려움 발생, 교수자의 사전학습 동영상 강의 제작의 어려움 등이 제기된다.[17] 플립러닝에 대한 오해는 오래되었다. 거꾸로 교실은 동영상 강의가 전부이고 기기 사용이 어려운 학생들의 수업권을 빼앗으며, 나쁜 교육론을 퍼뜨리고 불필요한 과제를 만든다는 것이다.[18] 플립러닝의 급속한 확산에도 불구하고 여전히 비슷한 오해가 제기되고 있다.[19]

플립러닝의 개념에 대한 정립과 정확한 이해가 필요하고, 이것은 비대면 상황에서 본격적으로 그리고 새롭게 이루어지고 있는 중이다. 다시 버그만과 샘즈의 설명을 옮겨 본다.[20]

> 플립러닝의 발상은 지극히 단순하다. 학생들이 개인적으로 공부할 교재가 있으면 교실에 오기 전에 끝낸다. 이렇게 시간을 맞바꿈으로써 교사는 수업 시간을 많은 학생과 해야 할 활동에 쓰거나 교사의 관심이 필요한 학생들에게 개별적으로 할애할 수 있다.

플립러닝을 하는 데 가장 큰 장애물은 무엇일까? 이들은 '교수자'들의 마음을 거꾸로 만드는 것이라고 하였다. 필자도 동의한다. 그리고 하나를 더 추가하자면, '학습자'의 마음을 거꾸로 만드는 것이다. 학생들은 과연 플립러닝에 적극적으로 동참하고 주체적으로 성장할 것인가? 교수자와 학습자의 진정한 주체 인식과 역할 수행이 요구되며, 이는 플립러닝에만 국한되지 않고 새로운 교육을 위해 모두에게 필요한 자세다.

이러한 플립러닝을 원격교육에 어떻게 적용할까? 3학점의 수업이라면 다음과 같이 운영할 수 있다. 사전학습을 위한 동영상 강의를 학점 인정 또는 미인정하고, 심화학습을 위한 실시간 수업은 학점에 포함한다. 플립러닝의 강점은 대면이든 비대면이든 모두 활용이 가능하다는 점이며, 특히 원격교육에 효과적이다.

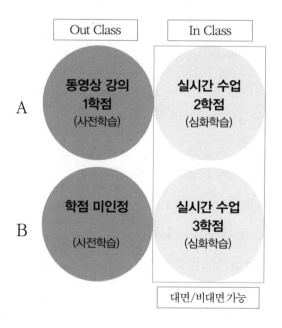

플립러닝을 구성하는 '사전학습'과 '심화학습'은 이제부터 본격적으로 다룰 주제이다. 그리고 이를 위한 환경을 구상하고 마련하는 것도 함께 필요하다.

수업 규칙과 문화 만들기: 일반 수업에서

수업에는 규칙과 문화가 필요하며 이를 효과적으로 조성하는 것도 교수자의 역할 중 하나다. '수업 규칙'은 수업에서 준수하도록 학습자에게 요청하는 사항으로 수업에 대한 규정을 강의계획서에 포함하도록 하는 경우도 많다.

수업 규칙은 학생의 '학습윤리' 측면에서도 필요하다. 학습자는 단순한 '수업 서비스 이용자'가 아니다. 학습에 대한 책무성을 가지고 어떠한 규칙을 준수해야 하는지 학습자로서 나의 행동과 태도는 어떠했는지 성찰하고 개선할 의무가 있다. 교수자 또한 수업 규칙에 부합하는 효과적인 교수 행동과 태도를 보여야 한다.

바람직한 수업 규칙을 다음과 같이 정리해 볼 수 있다. 수업 규칙은 교수자가 일방적으로 설정한 '학생 관리 규정'으로 받아들이면 안 된다. '좋은 수업의 과정과 결과를 위한 명확한 지침'이라는 측면에서 접근해야 하고 학생들에게 긍정적으로 수용되어야 한다.

> **좋은 수업 규칙의 요건**
> – 바람직한 수업 분위기를 조성하고, 수업 성과를 도출하는 데
>   필요한 규칙이어야 한다.
> – 학생들이 그러한 규칙이 왜 필요한지 납득하고 수용할 수 있
>   어야 한다.
> – 학기 초에 규칙을 명확하게 설명하고, 몇 주간 강조하여 체
>   득하게 한다.
> – 규칙을 일관성 있게 적용하고, 단호하면서도 유연한 자세를
>   갖는다.
> – 팀에서 지켜야 할 규칙은 학생들 스스로 만들도록 지원한다.
>   (팀 빌딩)

다음과 같은 수업 규칙을 참고해 볼 수 있다. 필자의 경우, 수업
방법은 별도로 자세히 설명하기 때문에 수업에 임하는 자세, 연락
사항 등을 확인하도록 하고 있다. 각자 자신의 수업에서 '이것만큼
은 학생들이 꼭 지켰으면 하는 사항'을 명기하면 된다.

> **일반적인 수업 규칙(예시)**
> – 하는 만큼 얻는다: 주체적·능동적인 태도로 수업에 임한다.
> – 진정한 팀 학습을 만들자: 팀 활동에 적극적인 자세로 참여한다.
> – 확인하고 진행하자: LMS 공지를 확인하고 학습 일정을 준수
>   한다.

수업에서 사전학습을 요구하는 경우, 다음과 같은 규칙도 명기할 수 있다.

–사전학습 필수: 반드시 사전학습을 하고 수업에 참여한다.

이 수업은 '사전학습을 해야 하는 수업'이라는 점을 규칙을 통해 확실히 각인시켜 주는 것이다. 학생들은 예습이 '하기 싫어서' 하지 않는 것이 아니다. 사전학습이 이 수업에서는 의무적 요소라는 것을 확실하게 인지하면 수업이 어떻게 운영되는지 살펴보고 예습 여부를 결정할 것이다.

일반적인 수업에서 통용되는 수업 규칙 외에도 특정 교수법 적용에 따라 좀 더 구체적이고 세부적인 규칙을 제시할 수도 있다. 예컨대, 플립러닝을 적용한 교직과목 수업(교육방법 및 교육공학)에서는 플립러닝의 원활한 운영과 학습목표 성취를 위해 세 가지 수업 규칙을 제시하였다고 한다.[21] 첫째, 사전학습용으로 제공된 동영상 콘텐츠를 미리 학습하고 WSQ(Watch, Summary, Question) 전략에 따라 학습성찰노트를 작성한다. 둘째, 오프라인 수업에서 진행되는 다양한 학습자 활동인 팀 활동 및 상호작용에 학습자들이 적극적으로 참여한다. 셋째, 개인별 학습성찰노트 및 팀별 활동 결과물을 수업 종료 후 LMS에 탑재하여 다른 수강생들과 공유한다.

이와는 다소 결이 다르지만, 대학 수업에서 학습자에 대한 새로운 생각과 시도를 보여 주는 사례도 참고할 수 있다. 사회문화적 관점에서 교육공학을 연구하는 윤순경은 학습자의 위상을 다음과 같이 설정하고 수업에 이를 반영하고 있다.[22] 이것은 학습자에게 '자신의 목소리'를 들려 달라는 신호이면서 수업 중에 이것이 존중되고 환영받을 것임을 약속하는 것이다.

학습자: 자신의 목소리를 주체적으로 내기
- 학생이라는 호칭 대신 ○○○ 씨
- 학생은 스스로 변화하는 존재
- 교수자가 아닌 학습자의 관심사로 논의하기
- 전문가의 개념에 얽매이지 않기
- 교수자에게 '아니오'라고 말하기
- 비난이 아닌 비판적으로 사고하기
- 학자의 주장이 아닌 자신의 견해 말하기

수업의 전체적인 규칙은 수업 목표 달성과 분위기 조성을 위하여 교수자가 정하여 제시하지만, 팀 학습이 있는 경우 팀 규칙은 팀원 스스로가 정하고 이를 준수하도록 하는 것이 좋다. 이에 대한 내용은 제3부에서 만날 수 있다.

수업 규칙과 문화 만들기: 비대면 수업에서

비대면 실시간 수업에서는 수업에 참여하는 규칙을 별도로 제시할 필요가 있다. 아직 실시간 수업이 익숙하지 않고 이에 대한 방식이나 태도가 모두 다르기 때문에 꼭 필요하다. 실시간 수업을 위한 최소한의 가이드라인이면서 실시간 수업이 원활하게 이루어지는 환경을 만들어 준다.

비대면 실시간 수업 규칙(예시)

- 비디오와 음성 on, 채팅, LMS 접속이 가능한 개인 공간에서 접속하기: 환경 준비
- 비디오의 정중앙에 상체가 위치하도록 조정하기: 서로 잘 보이도록
- 전원 음소거 해제 요청 시 바로 음소거 해제하기: 참여 준비
- 수업 중 채팅, 음소거 해제 등을 통해 의견 표시, 질문하기: 참여하기
- 소회의실에서도 비디오와 음성 on, 필요시 화면 공유, 말하기: 팀 활동하기
- 학생 이름은 팀 구성 이전에는 '학과 + 이름', 팀 구성 이후에는 '팀 + 이름'으로 설정하기: 팀 학습 준비

실시간 수업을 처음 진행할 때는 곤혹스러운 경우가 많다. 학생들이 자신의 비디오를 꺼 놓으면 깜깜한 어둠 속에서 교수자 혼자 독무대를 하고 있다. 교수자가 '지금은 비디오를 꺼도 된다'고 하기 전에는 일단 '비디오 on'이 기본이다. 서로 얼굴을 확인하는 것과 그렇지 않은 것은 '수업이 지금 이루어지고 있다'는 인식에 있어서도 큰 차이가 있다. 이러한 '실재감(presence)'은 학습 과정에서 학습자 스스로가 실제로 존재한다고 느끼는 것을 의미하며, 그에 따라 학습 경험의 질이 좌우된다. '서로의 얼굴 보기'는 실재감의 시작이다.

비디오를 노출하지 않는 것은 집에서 접속할 경우에 복장이나 머리 모양 등을 타인에게 보여 주고 싶지 않을 때일 수도 있고, 긍정적으로 생각해 보자면 강의에 집중하고 싶은 경우일 수도 있다. 그러나 비디오를 켜는 것을 꺼리는 분위기가 한번 조성되면 이를 다시 복원하기는 쉽지 않다. 교수자가 강의하는 경우에도 학생들의 표정을 살펴보면서 질문이나 설명을 조절한다고 하면 비디오 on에 부담을 갖지 않을 것이다. 물론 급한 상황이 생기면 비디오 off는 언제든지 가능하다!

세부적인 사항인데, 비디오 화면 설정 시 배경을 벽으로 조절하는 것도 권할 만하다. 개인적인 공간이 공개되는 것은 학생에게 불편할 수 있고 집중에도 어려움이 있을 수 있다. 다음은 초등학생 대상의 안내화면[23]으로, 가족의 초상권이 중요하다는 것도 설득력이 있다. 벽이 나오는 것이 어렵다면 흰색 계열의 벽지 사진을 배경으로 등록해도 된다. 교수자도 이러한 배경이면 좋다. 이 방법은 학생의 수업 몰입을 위한 여러 장치 중 하나다.

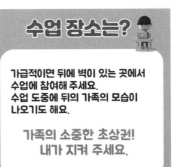

초등학교에서 온라인 수업의 준비사항 안내 일부
학생들에게 수업 준비에 대한 안내를 할 필요가 있다.

*출처: 경기초등교사 김차명 페이스북 공유

'음성 on'은 조용한 개인 공간에서 접속해야 가능하다. 자신의 집에서 접속하는 경우가 대부분이나, 카페나 독서실에서 접속하는 경우, 2인 기숙사에서 접속하는 경우 등 조용하지 못하거나 본인이 말하기 어려울 때도 있다. 마스크를 쓰고 입장하는 경우 대부분 개방 공간인 경우이며, 얼굴 확인이 어렵고 음성을 통한 참여도 어렵다. 개인적으로 불가피한 경우가 아니라면 비대면 실시간 수업을 하는 정해진 시간만큼은 '강의실에 간다'는 마음으로 개인 공간에서 접속하도록 해야 한다. 갑자기 시끄러워진 상황이라면 당연히 음성 off가 가능하며, 이것은 예외적인 상황이 되어야 한다.

줌에 접속하는 방법은 PC와 스마트폰의 두 가지 방식이 있다. 수업 중 참여자의 얼굴을 확인하고 채팅을 하고 필요시 문서 작성과 LMS 글 확인과 작성을 하려면 PC로 접속해야 한다. 카메라와 마이

크를 별도로 설치해야 하는 데스크톱 컴퓨터보다는 웹캠과 마이크가 내장된 노트북이 편리하다. 그러나 학생들의 기자재 상황은 다양하다. 이 수업을 위해 무엇을 준비하라고 하기는 쉽지 않으나, 비대면 교육 상황이 오랫동안 지속됨에 따라 원격교육에 적합한 환경을 갖추어 가고 있다. 때로는 화면과 소리의 문제로 PC와 스마트폰 두 개로 접속하는 학생도 있다. 이러한 경우에는 출석과 팀 배정 시 복잡한 문제가 있어 가급적 하나로 접속하는 것이 맞다. 그러나 어쩌랴! 이동 중에 차 안에서 접속하는 학생도 있으니……. 예외적인 상황에서는 '접속한 것'만으로도 학습에 대한 의지를 기특하게 봐야 할지도 모르겠다.

팀 학습을 하는 경우에도 '비디오와 음성 on'은 기본이다. 그런데 소회의실에 참여할 때 보면 아무 말도 없거나, 비디오 off인 경우를 간혹 만난다. 교수자가 보지 않았을 때 함께 대화를 했고 각자 정해진 부분을 수행하는 경우에는 문제가 없겠으나, 원활한 토의가 되지 못하는 경우도 있다. 이 부분은 다시 설명하겠으나, 일단 수업 규칙에서도 이를 짚어 줄 필요가 있을 수 있겠다. "팀에서 만날 때도 '얼굴' 보면서 말해요!"

팀 학습을 할 때는 화면 공유를 모두 할 수 있도록 하여 소회의실에서 팀원이 함께 자료를 살펴보고 대화하면서 결과물을 작성하게 하는 것도 좋다. 수업 시간 중에 팀 활동이 원활하게 이루어지도록 환경을 마련하려면 신경 쓸 것들이 많다.

이름 설정은 팀 학습을 위해서도 중요하다. 처음에는 '학과 + 이름'(예: 교육학과 박수정)으로 해도 되지만, 팀 구성 이후에는 '팀 + 이름'(예: 다이너마이트 박수정)으로 설정하면 좋다. 실시간 수업 중에 팀 소속감을 밝히는 것이고, 교수자가 학생들을 소회의실로 수동 배정할 때 팀 이름으로 정렬되기 때문에 편리하다. 이것도 수업을 시작할 때 그리고 소회의실 배정 직전에 다시 한번 알려 주어야 한다. 수업은 인내와 반복이다!

줌 소회의실 배정 시 교수자용 화면 예시

실시간 수업에 대한 규칙은 강의계획서에 표시하여 처음부터 마음과 장비의 준비를 하도록 하는 것이 좋다. 수업 중에도 몇 번 주지시키고 그 이유를 설명함으로써 수업에 대한 교수자의 과도한 통제로 오해되지 않고 '효과적인 수업'이 되기 위한 환경 조성임을 학생들이 받아들일 수 있도록 한다. 얼굴을 가리면 편하다. 얼굴이 보인다고 해도 손이 보이지 않기 때문에 스마트폰으로 게임을 해도 알 수 없다. 그러나 수업이라면 최소한 얼굴을 보는 것이 맞다.

사실, 개인 공간에서의 수업 참여는 대부분 처음 해 보는 경험이다. 수업 중에 누군가가 불쑥 들어오거나 부르는 경우도 있고, 잠옷인가 아닌가 고개를 갸웃거리게 하는 상황도 생긴다. 하여 이제는 '수업 중' '회의 중'이라는 표시를 방문에 걸어 두게 되고 일상복이라면 스카프라도 두르게 되는 것이다. 실시간 수업에서의 기본적인 문화와 예의가 만들어지고 있는 중이다.

대부분 익숙하지 않은 비대면 수업에서 모두가 준수할 수업 규칙을 제시하고 설득하는 과정은 필수적이다. 어떤 규칙이든 수업 중에는 일관성 있게 준수하고 부득이한 경우는 예외로 인정하면서 긍정적인 수업 문화를 형성하는 것이 중요하다. 수업 첫 만남에서 반드시 그리고 필요할 때마다 설명하고 강조하면 어느새 정착되어 있을 것이다.

실시간 수업에서 참여와 소통

실시간 수업은 '상호작용의 장'이 되어야 한다. PPT를 중심으로 내용 강의를 한다면 동영상 콘텐츠 제공이 나을 수 있다. 학생들과 대화하면서 설명하거나(교수자와 학습자 간 상호작용), 학생들 간에 무언가를 만들어 내도록 하거나(학습자와 학습자 간 상호작용) 해야 한다. 어떻게 하면 학생들이 적극적으로 의견을 표현하거나 질문하도록 할 수 있을까? 몇 가지 방법이 참고가 될 수 있을 것이다.

먼저, 학생들이 의사를 자유롭게 표현할 수 있는 분위기의 조성이 필요하다. 수업 규칙과 문화는 이미 설명하였으므로 여기서는 좀 더 구체적인 정보를 소개하고자 한다.

'입 떼기' 활동이라고 할 만한 것으로 수업을 시작하면서 '근황 채팅' '질문 채팅' 등의 채팅창 글쓰기를 유도해 본다. 이번 주에 있었던 일, 재미있는 일 등 근황을 폭넓게 말할 수 있는 채팅은 어떤 말이든 할 수 있어서 학생들이 부담 없이 글을 남길 수 있다. 수업 직전에 먹은 음식은? 내가 만들 수 있는 가장 자신 있는 음식은? 우리가 만날 수 있다면 함께 먹고 싶은 음식은? 등과 같은 질문도 다양한 답이 나올 수 있는 질문이다. 단, 배가 고파진다는 점은 주의하라! 매주 다른 질문을 생각해 두고 상황에 맞게 근황 채팅과 질문 채팅을 해 보는 것도 좋다. 학생들의 글을 읽어 보면서 궁금한 학생 두세 명 정도는 직접 말을 해 보게 해도 좋겠다.

오늘 수업의 적극적인 참여를 기대하며 수업 분위기 조성 차원에서 해 보는 활동도 있다. 역시 전원 참여, 즐겁고 편안하며 짧게 마무리되는 활동이 좋다.

'몇 글자 말하기'는 어떠한 주제를 던져 주면서 다섯 자로 써 보기, 일곱 자로 써 보기, 열 자로 써 보기 등 압축적으로 기발한 생각을 들을 수 있다. 지금의 기분을 채팅에 적어 보라고 하면, 일곱 자의 경우 '조금만 더 버티자' '이 또한 지나가리' 등이 나올 수 있다. '활기차게 수요팅'은 무슨 뜻일까? '수요일에 파이팅'이라는 뜻이다. 참고로 함께 책을 쓰는 교수들과 저녁에 화상회의를 마치면서 '일곱 자로 인사하기'를 해 보라고 하였다. 조금 갑작스러운지 줌 채팅방에서는 제안자인 필자 외에는 아무도 남기지 않고 종료되었는데 이후 단체문자방에 일곱 자 인사말이 난무하였다. "많이 배웠습니다." "편안한 밤 되세요." "잘 배우고 갑니다." "존경합니다, ○쌤."…….수업 외에도 화상 만남의 마무리 인사로도 해 볼 만 하다.

'초성 게임'은 초성 두 자를 제시하면서 초성이 포함된 단어를 쓰는 게임이다. "오늘은 '시작'의 의미로 초성 'ㅅㅈ'을 제시합니다. 시작 빼고 써 주세요!"라고 제안하면 많은 단어가 올라올 것이다. 사자, 사전, 소주, 수저, 수주 등……. '수정'이 나와서 한마디했다. "오, 제 이름이 나왔네요^^" 대면에서라면 순서대로 외치지만 화상이므로 동시에 적게 하고, 같은 단어를 쓴 학생이 나오면 두 사람을 지명하여 오늘의 기분이나 자세 등을 말하게 해도 된다.

이렇게 입 떼기나 분위기 형성을 위한 아이디어는 무궁무진하다. 초·중등학교 선생님들에게는 더 많은 정보가 있는 것 같다. 좀 더 적극적인 참여 유도 정보는 없을까?

학생들이 V를 하는 것이 아닙니다, 정답은 '2번'이라고 답하는 중!

'손가락으로 말하기'는 매우 간단하고 직관적인 활동이다. 교수자가 설명 중에 질문을 하면 화면에서 직관적으로 확인할 수 있도록 손가락으로 대답을 표시하는 것이다. 학교조직론에서 봉사조직 유형 중 '야생조직(wild organization)'과 '온상조직(domesticatied organization)'의 개념을 공부한 후(사전학습 또는 강의 후), '대학'은 무엇에 해당하는지 질문하고, 1번 야생조직, 2번 온상조직(3번 잘 모르겠다)을 제시하면서 손가락으로 답을 해 보게 한다. 그렇다, 아니다와 같은

○×(진위형)의 질문인 경우, 맞으면 1번, 틀리면 2번과 같이 1과 2의 손가락 투표로 하면 식별이 잘되고 학생들의 참여도 부담이 없다. 손동작으로 ○×를 표시하게 하는 것도 가능하다. 앞의 질문에서 '대학은 야생조직이다'를 제시하고 ○×로 답하게 할 수 있다.

정답을 공개하면 대학은 조직이 고객을 선택하고 고객이 조직을 선택하는 '야생조직'이다. 퀴즈는 선택형 또는 진위형의 문제 외에도 개방형 질문에 대한 답을 채팅에 써 보게 해도 된다. 인원이 많은 경우에는 모두가 답하기 어렵고 교수자가 이를 확인하면서 수업하기도 쉽지 않다. 한번 정답이 나오면 더 이상 답이 없을 수도 있다. 이 경우에는 '동시에 답 쓰기'도 괜찮다. 질문을 던진 후 "하나 둘 셋 하면 셋에 동시에 답을 쓰세요."라고 말하고, 얼마 후 숫자를 외쳐도 좋다. 모두의 속도가 같지 않으니 잠시 여유를 가질 필요가 있고 창의적인 답을 기대하는 질문도 좋겠다.

'생각나는 것 말하기'도 좋다. 본격적으로 주제와 관련되어 떠오르는 생각을 나눠 보는 활동이다. 다음은 교육실습을 다녀온 학생들에게 '교육실습은 ○○다'를 생각하여 말하게 하고 칠판에 적어 본 것이다.

확신 | 꿈 | 마약

확신	꿈	마약
타임머신	행복한 시간	아쉬움 투성이
즐거운 경험	즐거운 시간	책임감
연예인	잊지 못할 추억	술자리
맛보기	확신	깨달음
강력한 동기	좋은 만남	반성의 시간
처음	원동력	동기 부여
깨달음	자신감	
예고편	롤러코스터	
힘들었다	리틀포레스트	

교육실습 경험에 대한 학생들의 생각

이렇게 제시된 단어를 가지고 이야기해 볼 수도 있고, 비슷한 것을 묶어 특징을 정리해 볼 수도 있다. 학생들의 생각과 이유가 더 궁금하다면 이것을 가지고 팀별로 좀 더 이야기해 보게 한다. 전체적으로 말할 때보다 팀에서 좀 더 활발하고 진솔하게 토의가 이루어진다. 온라인 수업에서는 실시간 채팅과 LMS 댓글로 이런 생각을 모아 볼 수 있다. 줌에서 화이트보드 기능, 구글에서 잼보드 기능도 교수자가 익숙하게 사용할 수 있다면 해 볼 만하다.

'함께 글쓰기'도 좋다. 요구하는 답이 하나의 정답이 아니라 다양한 의견이나 아이디어라면 구글을 이용하여 문서를 써 보는 작업도 좋다. 구글 드라이브에서 공유 문서를 만들고 '모두가 접근하여 작성할 수 있는 권한'을 미리 설정해 둔다. 학생들이 의견을 쉽게 쓸 수 있도록 빈칸을 여러 개 둔 표의 방식이 편리하다. 학생들에게 주제를 설명하고 공유 문서의 주소를 채팅에 알려 준 후 접속하게 한다. 누구나 쓸 수 있고 작성자를 바로 식별하기 어려워서 적절한 질문에 대해서 활발하게 의견을 작성할 것이다.

예를 들면, A라는 현상이나 정책 현상의 긍정적인 측면과 부정적인 측면을 한 가지 이상 써 보게 한다. 문제의 원인과 해결 방안도 가능하다. 창의적인 아이디어가 필요한가? 이것도 OK!

고등학교에서 학생의 과목 선택권 확대 (2015 개정교육과정/ 고 2~3)		
긍정적 측면	부정적 측면	교육적으로 바람직하고 효과적으로 운영되려면 필요한 것

미래의 교사에게 필요하다고 생각하는 역량 / 자질 / 태도 (한 칸에 하나씩만 쓰기)		
예) 변화 민감성		

빈칸에 누구나 의견을 쓰도록 하고 필요하다면 이름을 적게 할 수도 있다.
표로 만들면 하나씩 의견을 남기기 좋고, 함께 확인하기에도 좋다.

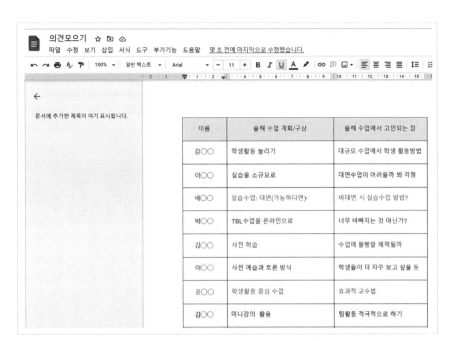

대학 교수법 특강 중 실습으로 작성해 본 것이다.
참여자들의 생각을 모으고 다양하게 활용해 볼 수 있다.

학생들이 잠시 생각해 볼 시간을 갖게 하고, 그 후 공유 문서를 작성하도록 진행하면 양질의 의견이 나올 수 있다. 이 방법은 팀 학습과도 연계하여 활동할 수 있다. 전체에서 개인 의견을 글쓰기로 내고 팀에서 토의하는 것이다. 이 토의는 의견 발산의 의미가 크다. 반대도 가능하다. 팀에서 토의하고 전체로 돌아와 함께 글쓰기를 해 보는 것이다. 이전보다 더욱 발전된 결과를 도출할 수 있다.

팀 학습을 할 때도 교수자가 전체적으로 주제를 설명하고, 학생들이 개인적으로 생각해 볼 시간을 잠시 주고(채팅에 짧게 생각을 남기기) 팀 학습으로 토의 주제를 넘길 수 있다. 팀 학습과 연결되는 참여와 소통 방식, 학습 확인을 위한 도구는 다음에서 자세히 설명한다.

사전학습, 과연 제대로 할까

사전학습은 팀 학습에서 필수는 아니나 효과적인 팀 학습을 위하여 권장한다. 비대면의 실시간 만남에서는 '강의' 대신 '상호작용'하라! 앞에서 여러 번 강조하였으니 여기서는 방법을 중심으로 설명하도록 한다.

사전학습은 흔히 '예습'이라고 한다. 예습의 효과가 좋다는 것은 알아도 예습을 제대로 한 적은 거의 없을 것이다. 예습을 하라고 하지만 학생들이 잘해 오지 않는다고들 한다. 왜 그럴까?

학생들이 예습을 하지 않는 이유
- 예습을 하라고 했는데 수업 시간에 모두 설명해 준다.
- 예습한 내용이 수업 내용과 큰 관계가 없다.
- 예습할 자료가 방대하면 공부할 엄두가 안 나고, 어려우면 혼자 이해하기 힘들다.
- 예습 여부를 확인하지 않는다.

첫째, 예습을 하라고 했는데 수업 시간에 모두 설명해 준다. 그러면 시간을 내어 예습한 자신을 책망하면서 다시는 예습하지 않는다. 예습은 시간 낭비였던 것이다. 그렇다면 왜 교수자는 모두 설명해 주는 것일까? 예습을 하라고 했지만 학생 모두가 해 오지는 않았을 것이라는 생각에서다. 이것은 예습을 해 오라고 했지만 확인해 보면 막상 예습을 해 온 학생의 수가 적다는 경험에서 기인한다. 그러나 학습자 입장에서 생각해 보면, 예습을 하라고 했는데 예습을 안 한 사람과 동일한 설명을 들어야 한다는 것은 예습을 할 필요가 전혀 없는 것이 된다.

둘째, 예습을 했는데 수업 내용과 큰 관계가 없다. 예습을 왜 한 걸까 갸우뚱해지고 이 또한 예습을 했으나 안 했으나 같은 셈이 된다. 왜 예습하라고 했을까? 하고 교수자에 대한 원망만 남을 수도 있다. 예습이 수업에 어떻게든 도움이 될 것이라고 교수자는 생각했을 것이다. 혹은 수업 내용과 직접적인 관련이 되는 예습 과제를 제대로 제시하지 못했을 수도 있다. 예습한 내용은 수업에서 적절하게 활용되어야 한다. 그래야 예습이 의미가 있고 학생들이 예습을 해 오게 된다.

셋째, 예습할 자료가 너무 방대하거나 어려운 경우다. 예습을 하려고 했으나 너무 많거나 이해하기 어려운 내용이라면 포기할 수 있다. 적절한 분량과 적절한 난이도라면 예습할 만하다는 생각이 들지 않을까? 교재라면 학생 눈높이에서 이해가 용이한 것을 선택하고 적절한 수준의 예습 분량을 제시하는 것은 필수다. 동영상도 몇 시간이라면 제대로 보기 어렵다. 때로는 수업과 관련하여 교수자가 꼭 소개하고 싶은 신문기사나 책의 일부, 논문과 같은 짧은 분량의 글도 가능하다. 몰입도와 이해도가 높은 동영상이나 음성 자료도 가능하다.

넷째, 예습 여부를 확인하지 않는 경우다. 예습한 학생과 그렇지 않은 학생이 구별되지 않으면 일부러 예습할 필요가 없다고 느낄 수 있다. 예습을 했지만 "자료 읽어 봤나요? 어땠나요? 궁금한 점 있어요?"라고 수업 중에 질문하면 학생들이 공개적으로 활발하게 말하기는 쉽지 않다. 그리고 모든 학생의 의견을 확인할 수도 없다. 예습한 정도를 구체적으로 확인할 필요는 없어도 학생의 예습 여부에 대한 확인, 인정, 피드백 준비가 필요하다.

교수자들은 이런 걱정도 있다. 학생 혼자 공부하는 예습으로 내용 이해가 완벽하게 될까요? 한 명이라도 예습을 안 해 오면 결손은 어떻게 하지요? 이에 대한 답은 "예습만으로 끝나는 것이 아니고 예습을 디딤돌 삼아 더 학습하도록 해야겠지요." "예습을 꼭 하도록 여러 장치를 만들고 꾸준히 진행하면 언젠가는 예습해 오지 않을까요?" 혹은 이런 답도 가능하다. "수업 중에 다 가르쳐 준다고 다 배우나요?" 앞에서도 말했듯이 학습자는 교수자가 가르치는 모든 내용을 배우는 것이 아니다.

예습을 해도 활용이 안 되면 예습을 '안' 하고, 예습할 내용이 너무 많거나 어려우면 예습을 '못' 한다. 예습을 저해하는 요인을 생각하면서 사전학습을 설계한다면 드디어 예습하는 학생들을 만날 수 있을 것이다.

예습을 하게 만드는 수업 설계

- 예습을 하도록 했다면 수업 중에 '처음부터 끝까지' 설명하지 않는다.
- 예습한 내용과 관련되는 내용을 수업 중에 반드시 다룬다. 즉, 수업 중 학습 내용과 활동을 사전학습과 관련하여 설계한다.
- 적절한 난이도와 분량, 흥미를 이끌어 낼 수 있는 사전학습 자료를 제시한다.
- 예습을 하였는지 확인하고 피드백을 할 수 있도록 수업을 설계한다.

사전학습은 어떤 자료가 좋을까? 자료의 형태는 읽기 자료, 음성 자료를 막론하고 사전학습하기에 적절한 형태의 자료면 된다.

읽기 자료에서 가장 대표적인 것은 교재다. 초·중등학교라면 교과서도 괜찮다. 학생들이 이해하기 쉽고 중요한 내용을 명확하게 다루고 있는 교재를 선정하여 한 개 내지 두 개 장(chapter) 정도를 사전학습하도록 하는 것이 가장 무난하다. 교수자가 '학습 자료 가이드'를 별도로 제공하는 것도 좋다. 녹음(10분 이내) 또는 1쪽 정도의 글로 작성하여 어떤 부분은 중요하니 잘 읽어 보라든가, 최근 제도가 어떻게 변경되었다든가, 이 부분은 큰 줄기를 이해하고 세부적인 사항은 넘어가라든가 등의 사전학습을 위한 안내를 해 주면 사전학습에 도움이 된다. 교재 외에도 중요한 학술 논문, 기사, 칼럼, 사례 등도 사전학습을 위한 읽기 자료로 가능하다. 당연히 수업 중

학습 내용과 연계되고 활용되어야 한다.

　동영상 콘텐츠는 최근 더욱 일반화되고 있다. 타인의 좋은 콘텐츠도 효과적이지만, 교수자가 직접 만든 콘텐츠는 수업을 위한 특화된 자료이므로 더욱 호응을 얻을 수 있다. 수업 시간을 인정하기 위해 최소한 교수자가 제작한 콘텐츠를 의무화하기도 한다. 온라인 수업에서 실재감은 매우 중요하기에 교수자의 등장은 필수적이다. 수업 내용을 설명하는 동영상이라면 교수자가 직접 출연하고 설명하는 콘텐츠가 기본이고, 수업과 관련된 외부 제작 동영상, TV 프로그램, 다큐멘터리, 유튜브 등도 적절히 제공할 수 있다. 역시 수업 중 학습 내용과 연계되고 활용되어야 함은 물론이다.

　예습의 힘은 매우 크다. 수업을 수강했던 학생이 이렇게 말했다. "교재의 1쪽부터 마지막 쪽까지 모두 읽어 본 수업은 이 수업이 처음이었어요." 쉬운 일이 아니지만 수업을 통해 예습을 해 본 경험은 이후 학습에서 대단히 큰 영향력을 발휘할지도 모른다.

사전학습의 활용: 요약, 소감, 질문

"사전학습을 모두 해 오게 하려면 어떻게 해야 하나요?"

많은 교수자의 질문이고 걱정이다. 한 가지 왕도는 없으나, 연구와 경험을 통해 효과적으로 나타난 몇 가지 방법을 제안해 본다.

가장 바탕이 되고 중요한 것은 사전학습의 중요성과 필요성, 이 수업에서 사전학습을 어떻게 활용하는지, 안 하면 어떤 불이익이 있는지 등을 일관되게 설명하는 것이다. 학기 초에 몇 번에 걸쳐 반복적으로 다른 예를 들면서 설득하는 과정도 중요하다.

플립러닝에서 자주 활용되는 다음과 같은 예습 과제를 참고할 수 있다.

'WSQ'는 미국 고등학교 수학교사인 크리스탈 키르히(Crystal Kirch)가 개발한 방법으로, 수업 전 환경에서 학생들이 수행해야 할 것을 단계별로 정의한 것이다. 학생들이 먼저 동영상 또는 읽기 강좌를 보고(Watch) 이를 요약하여(Summary), 질문(Question)을 준비하도록 한 것이다.[24]

비슷한 것으로 '리액션 페이퍼(reaction paper)'도 있다. 교수자가 사전 강의 동영상 시청 여부를 확인하고 사전 동영상 시청의 책무성과 수업의 효과성, 효율성, 매력성을 확보하기 위해 수업 전에 예습 과제로 제출하도록 하는 것으로, 이를 활용하여 학습자들이 얼마나 충실하게 예습을 하였는지 확인한다. 리액션 페이퍼는 학생들이 시청한 동영상의 내용을 요약·정리하게 함으로써 예습을 제대로 하였는지 확인하려는 목적 외에 동영상을 시청하면서 궁금했던 점을 수업 시간에 질문함으로써 강의 이해도를 높이려는 의도도 있다.[25]

이와 같이 사전학습에 대하여 '사전학습 요약'의 과제를 부과할 수 있다. 자율적인 요약의 형태로 부과해도 되고, 1쪽 정도의 정리 양식(표)을 주고 이를 채워 제출하라고 해도 된다. 필자는 주로 전자를 사용하였는데 각자 자율적으로 원하는 방식으로 요약하도록 하였다. 분량은 1쪽으로 정할 때도 있고 자유일 때도 있다.

실시간 수업에서 자율요약한 것을 화면 앞에서 동시에 보이도록 하였는데 노트, 컴퓨터, 아이패드 등 각자 선호하는 방식으로 작성한 모습을 확인하였다. 안 하면 어떡하냐고? 필자는 기말시험 때 자율요약한 것을 가져와서 시험을 볼 수 있도록 하고 있다(기기 안에 저장한 것은 출력 지참). 실시간 수업을 위해서도 기말시험을 위해서도 필요하다고 판단되면 대부분의 학생은 공부를 하면서 요약을 한다. 정해진 양식에 의한 요약도 효과적일 수 있다. 단, 반드시 '요약을 위한 요약'이 아니라 '공부를 위한 요약'이 되어야 함을 명시해야 한다. '과제용'이 아닌 '학습용'이 되도록 교수자가 방향과 방법을 제시해야 한다.

사전학습 자율요약을 확인하는 장면

요약의 분량이 많다면 각자 보관하는 형태의 요약이 좋고, 주요 내용을 몇 줄 정도 요약해 보는 것도 좋은 자료라면 LMS에 핵심 내용 5줄 요약, 10줄 이내 요약 등으로 댓글을 달게 해도 된다. 다른 학생의 것을 보고 적는 것이 걱정된다면? 비슷한 요약이라고 하더라도 이해하는 정도와 중요하게 생각하는 부분에 차이가 있을 것으로 믿는다. 댓글을 달게 하는 이유는 적절한 분량에 대한 제시가 되고 한눈에 보여 교수자나 학생들이 함께 확인하기가 용이하기 때문이다. 물론 필요하다면 완성된 글의 형태로 탑재하도록 해도 된다.

요약도 좋지만, 사전학습을 하면서 다음과 같은 점을 댓글로 정리하여 수업 전에 올리도록 하는 것도 사전학습을 촉진하고 확인하는 효과가 있다. 분량이나 가짓수를 제시해도 된다.

사전학습을 하면서 기록할 것(예시)

- 주요 내용

- 가장 인상적인 내용

- 소감(배운 점, 느낀 점)

- 의견(나의 생각)

- 질문(궁금한 점)

사전학습을 하면서 앞의 내용을 '모두' 기록하라는 것이 아니라 교수자가 선별하거나 학생 스스로가 선택하여 기록케 하면 된다. 필자는 자율요약을 부과하면 사전과제로는, 1. 소감(인상적인 내용, 느낀 점), 2. 질문(있으면), 두 가지를 수업 전 어느 시각까지 LMS 공지에 댓글로 달도록 하는 경우가 많다. 질문을 필수로 부과하면 의미 없는 질문(질문을 위한 질문)도 있기 때문에 선택으로 하고 있다. 그러나 질문이 별로 없으면 약간 힘이 빠지기도 한다. 그래도 걱정할 필요는 없다. 일부 학생은 매우 의미 있는 질문을 할 것이며, 다음에는 질문을 할 수도 있다!

과목명	교직실무 (00반)			
제목	10월 23일 수업 : 교재 7장 학교운영위원회		작성자	박수정
등록일	2020-10-28 18:39		조회수	23
첨부파일				
작성자정보	시번	○○○○○○	학과	교육학과

7장 사전학습 및 자율요약 후
수업 전까지 1. 소감 2. 질문(있으면) 등을 말머리를 달고 간단하게 덧글로 남겨주세요 (매주 동일)

홍○○	1. 학교운영위원회가 존재하지만 과연 어떤일을 하는것인지에 대해서는 잘 몰랐는데 이러한 위원회가 단순히 이름만이 있는것이 아니라 학교장 중심 의사결정체제를 벗어나서 다양한 구성원들의 의견을 반영한다는 것을 알게 되었습니다. 2. 그렇다면 학생들도 학교의 구성원중 일부일텐데 학생들은 이러한 위원회에 참여를 하지 못하는 것인지 아니면 안하는 것인지에 대해서 궁금증이 생겼습니다. 2020-10-29 14:23
권○○	1. 학교를 다니면서 학교운영위원회라는 것의 존재만 알았지 무엇을 하는 것인지 전혀 몰랐다. 이번챕터를 공부하면서 어떠한 방식으로 운영되는지 알 수 있어서 좋았다. 특히 학부모 위원의 참여에 대한 부분이 흥미로웠다. 2020-10-29 14:01
안○○	1. 학교장 중심의 의사결정체제에서 벗어나기 위해 학교운영위원회가 만들어진 것이 인상깊었습니다. 교사와 학부모 등이 학교운영에 참여를 할 수 있도록 보장하고 있다는 것이 학교는 그만큼 다수가 함께 만들어가는 곳이라는 것을 나타내는 부분인 것 같다는 생각이 들었습니다. 2020-10-29 10:41

LMS에 올린 학생들의 수업 전 소감과 질문

이러한 요약, 소감, 질문 등을 수업 전에 LMS 댓글로 달면, 수업 중에 몇 가지 내용을 대표적으로 소개하거나 답변하도록 한다. 수업 시간이 한정되어 모든 답변을 하기는 어렵기 때문에 가능하다면 교수자가 이에 대한 설명이나 답변을 LMS에 정리하여 올려 주는 것도 좋다.

계절학기나 계절제 대학원 수업은 일정이 매우 바쁘게 진행된다. 거의 매일 수업이 이루어지므로 학생들이 사전학습을 제대로 할 수 있는 시간적 여유도 많지 않다. 이 경우에는 사전학습 안내를 일찍 공지하고 동영상이 있는 경우에도 미리 탑재하여 충분히 학습하게 한다. 사전학습 댓글의 작성 기간도 단계적으로 주면 좋다.

LMS에 올린 학생들의 수업 전 소감과 질문에 대한 교수자의 설명 및 답변 답글

수강생 수가 100명이 넘는다면? 설명과 답변이 꼭 필요한 글에 답변을 한다고 양해를 구하고 의미 있는 내용을 추려서 올려도 된다. 학생들은 자신에 대한 피드백에서도 배우고, 다른 학생들에 대한 피드백을 통해서도 배운다. 또한 교수자의 성실한 피드백과 진정성에 깊은 인상을 받을 것이다.

사전학습의 활용: 퀴즈

사전학습을 확인하는 또 다른 방법은 '퀴즈'다. 예습 퀴즈, 학습준비도 평가 등의 명칭을 붙일 수 있다. 학생들로 하여금 가장 확실하게 사전학습하도록 만드는 요인일 수 있다. 사전학습 내용 중에서 가장 중요하고 기본적인 내용을 가지고 선택형·진위형 문제를 출제하는 것이 가장 간단하면서도 효과적이다. 수학이라면 사전학습한 내용을 바탕으로 문제를 풀게 해도 된다.

문제는 실시간 수업에서 퀴즈를 어떻게 하느냐. 대면이라면 문제지를 만들어 가서 이를 배부하고 시험을 본 후 걷어서 확인하면 되지만 실시간 수업은 불가능하다. 퀴즈를 제시하고 답을 확인하는 방법은 몇 가지가 있다. LMS에서 이를 제공하는 경우가 있을 수 있고, 네이버나 구글에서 온라인 설문조사 양식을 활용하는 방법, '핑퐁'과 같은 스마트폰 앱을 활용하는 방법, 문제를 채팅으로 보내거나 화면을 공유하여 각자 풀도록 하고 답은 채팅(교수자 개인 DM)이나 문자 메시지로 보내도록 하는 방법 등이 있다.

어떤 방법을 쓰든 온라인 수업에서 '완벽하게 통제하는 시험'을 운영할 수는 없다고 한다. 기말시험이 아닌 수업 중 퀴즈라고 한다면, 교재를 보면서 풀거나 학생들이 서로 정보를 교환하면서 시험에 응하는 것을 어느 정도는 방지할 수 있는 방법을 소개한다.

짧은 시간에 많은 문제를 다루는 것이다. 이 경우 교재를 확인하면 정답률은 높아질 수 있으나 정해진 시간 내에 모두 풀기가 어렵다. '중요하고 기본적인 내용으로 선택형·진위형 문제'를 출제한다면 A4 용지의 한 쪽을 넘지 않는 것이 적당하고, 문제가 10개라면 5분 정도, 15개라면 7분 정도를 준다. 모든 준비를 하게 하고, 문제를 공개한 후 몇 분까지 답을 제출하면 인정한다고 확인시키고 시

학습준비도 평가: 학교조직

팀(   ) 이름(   )

※ 참과 거짓에 O, X를 표시하거나(좀 더 가까운 것), ( ) 안에 정답을 쓰세요(가장 가까운 것).

1	공식조직은 과학적 관리론, 비공식조직은 인간관계론과 관련이 높다.	o	x
2	참모조직은 계선조직이 원활하게 목적 달성을 하도록 지원·보조해 주는 조직이다.	o	x
3	학교의 관료적 성격은 학교 행정보다 교사의 교육활동에서 좀 더 분명하게 나타난다.	o	x

4. 다음 중 '조직'이 기본적으로 갖추는 속성과 가장 거리가 먼 것은?   (   )
① 공동의 목표   ② 규정과 규칙   ③ 활발한 팀 학습   ④ 구성원 간 상호 협력

5. 다음은 학교에 존재하는 조직의 명칭이다. 이것은 어떠한 조직의 예인가?   (   )
· 남교사회   · 등산동호회   · 충남대 동문모임
① 공식조직   ② 비공식조직   ③ 계선 조직   ④ 참모조직

6. 관료제의 특징 중 '계속성과 통일성'이라는 순기능을 가져오지만, 한편으로는 '경직성과 본말전도'의 역기능을 낳을 수도 있는 것은?   (   )
① 분업과 전문화   ② 몰인정성   ③ 권위의 계층   ④ 규정과 규칙

7. '이완결합체제(loosely coupled system)'의 가장 핵심적인 특징은?   (   )
① 실적주의   ② 학습에 초점   ③ 구조적 느슨함   ④ 행정의 통일성

8. '조직화된 무정부(organized anarchy)'의 특성과 가장 거리가 먼 것은?   (   )
① 권위의 계층   ② 목표의 모호성   ③ 유동적 참여   ④ 불분명한 기술

9. 다음 중 학교를 설명하는 특정한 하나의 조직이론에 묶이지 않는 것은?   (   )
① 개인적 숙련   ② 정신 모델   ③ 비전의 공유   ④ 분업과 전문화

10. 다음은 무엇의 예인가?   (   )
· 우리 학교는 70년대 공업인력 양성을 위하여 전국에서 최초로 공업교육대학이 설립되었다.
· 우리 학교의 대강당은 평생 김밥을 팔아 재산을 모은 할머니의 기부로 건립되었다.
· 우리 학교는 전통적으로 선후배 관계가 끈끈하고 지역사회에서 평판이 높다.
① 스토리(stories)   ② 삽화(icons)   ③ 의식(rituals)   ④ 의례(rites)

대면 수업 중 배부하는 퀴즈 문제지
실시간 수업에서도 활용이 가능하다.

험을 시작한다. 한글을 읽는 속도가 늦을 수 있는 외국인 학생이라면 시간을 더 주도록 한다. 아이패드로 접속하면 채팅에서 문제를 확인하지 못할 수도 있다. 가능하면 컴퓨터로 접속케 하고 문제지가 열리지 않는 학생도 고려해야 한다.

이것 외에도 '교재를 보지 않고 시험에 응한다'는 메시지를 시험 볼 때마다 주지시키고, 무엇보다도 예습에 의한 시험이므로 사전에 '100점을 맞지 않아도 된다'는 설명을 해 주면 좋다. 만점의 기준을 70% 혹은 80% 정도로 설정하여 미리 제시하고, 여러 번 퀴즈를 본다면 이를 합산하여 평균을 낸다. 다음 기회에 만회할 수 있으며 사전학습을 하게 하는 동인이 될 수 있다. 사실 예습을 전혀 하지 않는다면 50%도 맞추기 어렵다. 예습을 매우 충실히 해야만 70~80% 이상을 맞출 수 있다.

퀴즈를 반드시 개별 시험으로 운영할 필요가 있을까? 학생들에게 공개적인 질문을 해도 된다. 이 경우 답을 제시하는 방법 또한 음성(음소거 해제), 채팅, 손가락 표시 등 다양하게 운영할 수 있다. 어떤 방법이든 모두가 빠짐없이 자신의 답이나 의견을 표현하도록 격려하고 지원하는 것이 중요하다. 평가는 '학습한 결과'를 평가하는 것만을 의미하지 않는다. 수업 중에 학습을 조절하고 반영하기 위한 '학습을 위한 평가(assessment for learning)'가 더욱 중요하다는 점도 참고할 필요가 있다.[26]

지금까지 요약하기, 소감과 질문에 댓글 달기, 퀴즈 풀기 등 다양한 방식으로 사전학습을 하도록 하고, 요약 확인, 소감과 질문 댓글에 대한 답변 달기 또는 설명하기, 퀴즈에 대한 피드백 하기 등을 통해 사전학습을 확인하고 독려할 수 있다. 실시간 수업의 초반에 해볼 만한 중요한 활동이며 사전학습을 충실하게 하는 학생의 비율은 단연 높아질 것이다.

　　그러나 이러한 확인과 활용을 했음에도 학생들의 사전학습이 불충분하다고 판단되면 어떻게 해야 할까? 실시간 수업에서 교수자의 '미니 강의'가 점점 길어지게 될 수 있다. 학습자의 수준과 태도를 살펴보면서 교수 행동을 조정하는 것은 당연하나 사전학습을 촉발하는 기제, 규칙, 자료, 평가 연계 등에 대해 면밀하게 들여다보고 개선할 부분이 있는지 확인할 필요가 있다.

제3부

온라인 수업에서
팀 학습 실행하기

팀 구성, 비법이 있을까

팀 학습에서 팀은 필수다. 공동의 목표를 달성하기 위하여 소속감과 동질감을 가지고 상호작용하는 집단이 팀이다. 팀은 어떻게 구성하는 것이 좋을까? 적절한 팀 인원과 팀의 개수, 팀을 구성하는 방식, 팀 구성의 원칙 등을 미리 생각해 두어야 한다.

첫째, 팀 인원의 문제다. 토의나 활동이 적절하게 이루어지려면 3명 이하는 한 명이라도 결석할 경우에는 다소 적은 인원이고, 7명 이상이면 모두가 참여하기에는 다소 많은 인원일 수 있다. 이론적으로는 '홀수'가 좋은데 이는 의사결정 때문이다. 전체 팀의 수도 고려하지 않을 수 없다. 팀의 수가 너무 많으면 관리하기가 쉽지 않다. 경험상 4~6명 정도이면 적절한 팀원 수로 생각되는데, 첨예한 의사결정이 필요한 경우가 아니라면 강의실에서 좌석 배치가 용이한 인원이 효율적일 수도 있다.

비대면 실시간 수업에서 팀은 4~5명 정도로 운영하면 모두가 참여하면서 양질의 의견을 나눌 수 있다. 개별 소회의실을 충분히 살펴보기 어려운 점은 있으나 전체 팀의 개수가 많아도 운영이 가능하다는 점은 온라인 수업의 장점이다.

둘째, 팀 구성 방식이다. 팀 구성은 '팀 학습의 성격과 방법'에 따라 교수자가 적절히 선택하면 된다. 교수자가 구성하거나, 학습자가 구성하거나, 교수자와 학습자가 함께 구성할 수도 있다. 교수자가 구성하는 방식은 수업과 팀 학습의 성격에 따라 적절히 통제할 수 있다는 장점이 있으나 학생들의 자발성이 약해질 수 있다. 교수자의 팀 구성 방법으로는 무작위(번호 순서대로), 능력별 편성(시험이나 검사 결과에 따른), 다양한 배경 고려 구성(남녀, 학번, 전공 등 혼합) 등이 있다.

학습자가 스스로 구성하는 방식은 관심사나 주제별로 희망을 받아 구성하는 방법, 학생들이 스스로 팀원을 구성하거나 모집하는 방법 등이 있다. 공통점과 자발성이 생길 수 있으나, 팀에 끼지 못하는 학생이 생기는 경우 팀 간 편차가 생기는 경우가 있을 수 있다. 절충형은 관심사나 주제별로 희망을 받아 교수자가 이를 선정하는 방법, 가장 적극적이거나 성취 수준이 높은 학생을 리더로 정하고 리더가 팀원을 구성하는 방법 등도 있다.

대면이든 온라인이든 필자가 주로 사용하는 방식은 수업 시간 내에 팀 학습이 이루어지는 경우에는 교수자가, 수업 시간 외에 팀 학습이 이루어지는 경우에는 학습자가 구성하도록 한다. 팀 학습이 교수자의 통제권 안에 있으면 교수자에 의한 새로운 팀 구성이 팀의 소속감을 가지고 움직이게 할 수 있다. 그러나 수업 시간 외에 학생들이 별도로 만나서 팀 학습을 하는 경우에는 라포가 미리 형성되어 있거나 관심사가 맞아야 효과적일 수 있다.

온라인 수업에 지역사회 연계 프로젝트를 진행하면서 학생의 관심사와 희망이 중요하다고 판단하여 학생의 선호 주제를 온라인 설문으로 조사하였다. 학생의 1, 2지망 안에서 교수자가 팀을 배정하였는데 이는 팀 과제 주제에 대한 학생 선호도를 반영한 팀 구성 방식이다.

3. 다음 중 참여하고 싶은 주제를 순서대로 응답하시오(1, 2, 3, 4 순위)

	■교육정책 연구소 (고등학생 정책제안서 지도 멘토링)	■교육청 (■ 독서교 육 홍보영상 제작 및 정책 제안)	■고등학교 (고교학점제 연구학교/고교 학점제 길라잡 이 영상 제작)	■중학교 (현재 협의중- ■형혁신학 교/제안받을 예정)
1순위	○	○	○	○
2순위	○	○	○	○
3순위	○	○	○	○
4순위	○	○	○	○

3-1. 내가 제안하고 싶은 주제가 있다면 적어주세요
(단 지역사회와 연계하는 주제)

[   ]

희망 주제를 조사하는 온라인 설문 화면

셋째, 팀 구성의 원칙이다. '능력은 균등하게, 배경은 다양하게'가 기본이다.[1] 팀원의 능력은 균등해야 한다. 현실적으로 차이가 난다면 균등하게 조정해야 한다. 이전까지의 학점이나 수업 중 검사를 통해 학업 성취 수준을 평가하여 팀에 적절히 배치할 수 있다. 학생들의 능력차가 크지 않다면(같은 대학, 같은 학과라면 동등하다고 보아도 된다) 다양한 배경만 고려해도 된다. 배경은 최대한 다양하게 구성하는 것이 좋다. 남녀, 전공(인문사회, 자연공학, 예체능 등), 복학생, 복수전공생, 편입생, 외국인 유학생 등 가급적이면 다양하게 구성하는 것이 좋다. 다양한 관점과 배경 지식으로 접근할 수 있다는 장점이 있다. 이 밖에도 성격 검사를 하거나 학습 스타일 검사를 하여 고르게 배정하는 경우도 있는데 이 또한 다양한 배경과 관련이 있다고 하겠다.

팀 구성에서 질문 하나!
'매우 친한 두 학생'이 여러 명으로 구성된 팀에 포함될 경우, 팀 전체의 응집성(cohesion)에는 과연 도움이 될까, 저해가 될까? 전체적으로는 '도움이 되지 않는다!' 단 두 명으로 구성된 팀이 아니라면 말이다. 완전히 모르는 인원으로 팀을 구성하는 것이 '선입견' 없이 서로 '조심'하면서 새롭게 출발하는 팀이 될 수 있다. 하여 "너무 친한 사람이 있으면 미리 말하세요."라고 말한다. 농담처럼 "현재 커플이라면 꼭 신고하세요."라고 덧붙이는데 사실은 진심으로 하는 말이다.

팀 구성에서 참고할 사항

– 팀 학습의 성격과 방법에 따라 팀 구성 방식을 결정한다.

  (교수자 구성, 학생 구성, 상호 구성 등)

– '능력은 균등하게, 배경은 다양하게' 팀을 구성한다.

– 팀의 응집성을 높이는 방법을 다양하게 찾아보고 적용해

  본다.

이제 팀을 구성하였다. 그런데 이것만으로는 부족하다. 어떻게 하면 '진정한 팀 학습'을 본격적으로 시작할 수 있을까?

팀 빌딩으로 팀 학습 출발

어떤 방식으로든 팀을 구성했다면 반드시 추천하고 싶은 활동이 있다. 진정한 팀을 만드는 '팀 빌딩(team-building)'이다.

> "팀을 3주 이상 유지하고,
>
> 팀 활동이 매시간 있거나 별도의 팀 과제가 있는 경우라면,
>
> 반드시 팀 빌딩을 하고 팀 학습을 시작하라."

팀이 매번 바뀌거나 매주 바뀐다면 팀 빌딩은 필요 없다. 그러나 동일한 팀으로 3주 이상 팀 학습을 운영한다면, 팀 빌딩 시간을 짧게는 10분에서 길게는 50분까지 운영할 것을 강력히 추천한다. "어떻게 하면 무임승차자 문제를 없애나요?" "활발한 팀 토의는 어떻게 가능한가요?"라는 질문에 하나의 답은 없지만 팀 빌딩은 확실하게 중요한 영향력을 발휘한다.

팀 빌딩은 광의의 뜻으로는 '조직개발'과 동일하게 사용되기도 하지만, 협의의 뜻으로는 '팀 구성원 간 신뢰 쌓기'를 의미하고 팀 학습 초반에 주로 하는 라포 형성의 시간을 의미한다. 팀 빌딩은 팀

구성으로부터 출발하며, 여러 활동이 가능하지만 가장 중요한 것은 '팀 규칙 정하기'다. 그런데 밑도 끝도 없이 곧바로 팀 규칙부터 만들 수 있겠는가? 기본적인 자기소개도 하고 팀 이름도 함께 정하면서 친숙해지고 자연스럽게 팀 규칙을 만들어 보는 것이다.

팀 빌딩으로 할 만한 활동

- 자기소개 (1인당 1분)
- 아이스 브레이킹 (3분)
- 팀 이름 정하기 (5분)
- 팀 구호 정하기 (5분)
- 팀 규칙 정하기 (10~15분)
- (필요하다면) 역할 분담 또는 계획 구상 등 (10분)

팀 빌딩의 세부 사항으로 다음에 설명하는 것은 팀 내 활동이다. 전체적으로 설명하고 팀에서 진행하는 것이다.

첫째, 자기소개다. 돌아가면서 1분 정도씩 소개하는 것으로 시작한다. 이 경우 몇 가지 공통 질문을 제시하고 각자 그 답을 적게 한다음 그 답을 1분 내에 설명하고 박수친 후 다음 사람이 소개하도록 한다. 공통 질문은 모두 알고 시작하면 좋을 만한 정보로 하면 된다. 이름을 먼저 말하고, 이 외에 1. 학과와 현재 학기, 2. 성장지/현재 거주지, 3. 현재 관심사, 4. 추천 여행지 정도를 적어 본 후 말하게 한다. 이 정도 소개만으로도 서로의 공통점도 알게 되고 인상적인 부분도 생긴다. 이 밖에 다른 것도 가능하나 답하기 쉬운 것으로 적절한 시간 동안 설명하는 것으로 한다. 이런 것은 어떨까? 롤 모델이 궁금하다면 '내가 좋아하는 사람'(모두 아는 사람으로), 장래희망이 궁금하다면 '10년 후 나는'과 같은 질문도 좋다. 수업 동기나 각오를 물어봐도 좋다.

둘째, 아이스 브레이킹(ice breaking)이다. 매시간 할 필요는 없지만 팀 빌딩을 하는 시간만큼은 해 보아도 좋겠다. 어색함을 깨고 본격적인 활동을 하기 위한 분위기 조성을 목적으로 게임, 퀴즈, 짧은 활동 등이 가능하다. 게임으로는 '초성 게임'을 많이 하는데 5~6명에게 최적의 게임이다. 둥글게 모여 서서 한 명이 초성 두 자를 외치면서 엄지를 내밀면, 팀원들이 초성이 들어간 단어를 외치면서 엄지를 잡는 게임으로 마지막에 남는 사람이 술래가 되고 약간의 벌칙(예: 인디안밥 안마) 후 술래부터 다시 시작한다. 줌에서도 가능할까? 팀 활동이면서 전체적으로 진행하려면 아이디어가 필요할 것 같다.

게임으로 '거짓 찾기' '닮은 꼴 말하기'도 추천한다. '거짓 찾기'는 나와 관련 있는 것 세 가지를 제시하는데 그중 하나는 거짓이며 팀원들은 거짓을 맞혀야 하는 게임이다. '닮은 꼴 말하기'는 내가 닮았다는 말을 들었던 누군가를 말하는 것인데 사람일 수도 있지만 동물(예: 강아지)이거나 가상(예: 졸라맨)일 수도 있다. 팀원이 맞히는 것이 아니라 본인이 말하는 것으로 당사자를 주의 깊게 살펴보는 효과가 있다. 아이스 브레이킹은 필수가 아니고 패스도 가능하다.

셋째, 팀 이름 정하기다. 1팀, 2팀, A팀, B팀보다는 이름이 있는 것이 훨씬 소속감이 있지 않겠는가? 부르기 좋고 의미도 좋은 이름으로 정한다. 대면이라면 포스트잇에 각자 하나씩 의견 내기를 해서 복수 투표(2개 이상 선택)를 하게 했을 것이다. 비대면이지만 소회의실에 보내기 전에 말하면 좋다. 각자 하나씩 무조건 의견을 내고 간단히 설명한 후 다수결이든 복수투표든 팀에서 적절히 정하라. 이렇게 명확히 안내하고 팀 활동을 시키는 것과 그렇지 않은 것의 차이는 크다. 팀 이름을 정하는 것부터 '전원 의견 내기'로 시작하고 '다수의 의사로 결정'하는 경험은 팀 학습의 중요한 출발이다.

넷째, 팀 구호(team spirit) 정하기다. 팀 이름을 정했으면 간단히 외칠 만한 팀 구호를 정하게 하면 좋다. 팀 활동을 시작하거나 마칠 때 한 번씩 동시에 외치게 하면 단합의 의미가 있다. '우리는 하나' 팀은 선창으로 "우리는!" 하고 외치면 모두가 "하나!"라고 외쳤고, '마라탕' 팀은 선창으로 "마라탕!"이라고 외치면 모두가 "탕탕탕!"이라고 정하였다. "팀 구호 준비, 시작!"이라고 외친다고 정하고 교수자의 구호에 의해 몇 번 연습해 보면 좋다. 소회의실로 보내면서 팀 발표를 마친 후에 한 번씩 외치게 해 보자.

다섯째, 팀 규칙(team ground rule) 정하기다. 팀 빌딩의 꽃은 팀 규칙 설정이며, 친밀감 형성에 그치지 않고 앞으로의 팀 활동과 팀원에 대한 믿음을 쌓는 중요한 시간이 될 수 있다. 이 수업에서 팀 활동을 할 때 우리 팀원이 지켰으면 하는 것을 스스로 정하는 것이다.

팀 규칙을 만들게 하려면 교수자는 이 수업과 팀 활동이 어떻게 진행되는지 팀 활동의 결과물은 무엇인지 명확하게 설명해야 한다. 그래야 적합한 팀 규칙을 제안하고 합의할 수 있다.

팀 활동이 수업 시간 내에 이루어지는 경우(예: 토의)에는 참여, 태도, 사전준비 등에 관한 규칙이 많이 나오고, 수업 시간 외에 만나 무엇인가 만들어야 하는 경우(예: 프로젝트)에는 연락, 만남, 역할 분담 등에 대한 규칙이 많이 나온다. 각자 3개 정도의 의견을 제시하게 하고, 그중 많이 나온 것을 중심으로 동일한 표현으로 3개 혹은 5개 정도의 규칙을 정하게 한다. 팀 규칙은 팀을 구성한 첫 시간에 어려우면 두 번째 시간에서라도 정하게 하면 좋다.

〈표 2〉 팀 빌딩 결과: 플립러닝 비대면 수업에서 실제 팀 이름과 규칙

팀 이름	사이좋조	비긴어게인	정시퇴근
팀 규칙	1. 밝게 인사하기 2. 수업 준비 잘해 오기 3. 의견 꼭 하나씩 제시하기	1. 활동 꼭 참여하기 2. 의견 하나 이상 제안하기 3. 게시글 번갈아 올리기	1. 수업 결석하지 않기 2. 팀 활동 시작 전에 반갑게 인사하기 3. 자유롭게 의견 제시하기

앞에서 설명한 모든 것을 해도 되고 시간에 따라 자기소개와 팀 이름 정하기(10분), 자기소개와 팀 이름, 팀 구호 정하기(15분), 팀 규칙까지 정하기(25분) 등 적절하게 팀 빌딩을 진행하면 된다. 미리 할 일과 시간을 알려 주고 팀 빌딩 결과를 간단히 LMS 공지에 댓글로 남기게 한다. 1. 팀원, 2. 팀 이름, 3. 팀 구호, 4. 팀 규칙.

과목명	한국교육행정론 (00반)			

제목	4/22 팀 빌딩 결과	작성자	박수정
등록일	2020-04-29 11:34	조회수	14
첨부파일			
작성자정보	시번 / ○○○○○○	학과	교육학과

1. 팀원 이름
2. 팀 이름
3. 팀 구호
4. 팀 규칙

댓글로 달아주세요.

김○○	1. 유○○, 김○○, 황○○, 강○○, 박○○ 2. 셀럽파이브 3. (다같이) Five Five FiveFiveFive 셀럽 파이브!! 4. - 항상 문장형으로 완성하기 - 항상 활기차게 참여하기 - 서로의 의견 존중하기 - 화날 때 조커 춤추기 - 타인의 식욕 자극하지 않기 2020-04-29 12:15
방○○	1. 유○○, 박○○, 방○○, 이○○ 2. 최강교육 3. 최강교육 (선창) 파이팅! (후창) 4. 한 가지 이상 무조건 의견 제시, 요약지 한 장씩 성의 있게 써오기, 리액션 (반응) 잘해 주기 2020-04-29 11:59
홍○○	1. 김○○, 이○○, 김○○, 신○○, 홍○○ 2. 삼양라면 3. 삼양 (선창) 삼양 화이팅!! (후창) 4. 팀원 전부 한번씩 골고루 이야기하기 / 예습필수 / 의견 경청 / 손들고 용무를 이야기하기 2020-04-29 11:56

LMS에 팀 빌딩 결과 댓글로 달기

팀 규칙은 팀원 스스로 정하는 것이 원칙이고 팀 안에서 지키는
약속이지만, 필요하다면 교수자의 의견을 한두 가지 포함시켜 달라

고 할 수도 있다. 교수자가 제시한 팀 규칙 두 가지를 포함하여 새롭게 세 가지를 만들도록 할 수 있다. 총 5개 사항의 팀 규칙을 갖는 것이다. 이것은 선택 사항이다. 무임승차자가 나타나지 않고 즐겁고 생산적인 팀 학습이 될 수 있도록 학생들은 필요한 규칙을 슬기롭게 만들 것이다.

이러한 팀 규칙을 지켰는지 안 지켰는지 매시간 확인해야 할까? 그럴 필요는 없다. 한번 정한 규칙이 헌법도 아니고 상황에 따라 더 중요한 규칙이 부상할 수도 있다. 팀 학습 진행의 중간 정도 되는 시기에 팀별로 팀 규칙 성찰을 위한 시간을 주고, 함께 정한 팀 규칙을 상기하면서 자신과 팀을 위해 건설적인 성찰과 다짐을 할 수 있도록 하면 된다. 제4부 중 '학습 성찰'에서 한번 더 살펴본다.

팀 빌딩이 과연 팀 학습에 영향을 줄까? 교수법 워크숍에서 팀 빌딩을 실습했던 의대 교수를 1년 후에 다시 만났다. 의대에서 팀기반 학습을 하고 있는데 수업을 시작하면서 팀 빌딩을 해 보니 학생들의 참여도가 확실히 달라졌다는 것이다. 팀 빌딩은 교사 연수, 학교장 연수와 같은 직무교육에서도 힘을 발휘한다. 반일 또는 종일 이루어지는 팀 기반의 실습 연수인 경우, 팀 빌딩으로 시작한다면 이후 팀 활동과 실습이 매우 원활하게 이루어질 것이다.

첫 만남에서 '팀으로 하나가 되는 경험'은 이후 본격적인 팀 학습에서 큰 기반으로 작용한다. 팀 빌딩, 반드시 해 보라. 팀 학습의 과정과 결과에서 큰 차이를 가져올 것이다.

팀 학습에 적합한 과제

팀 학습은 기본적으로 수업 내에 이루어질 수 있다. 특히 플립러 닝과 같이 사전학습을 한 학생들을 실시간 온라인 수업에서 만나 심화학습하는 경우, 이를 위한 지식의 이해와 적용은 수업 중 팀 학 습으로 이루어질 수 있다.

팀 학습에 적합한 과제로 수업 시간 내에 팀 학습이 이루어지는 가장 대표적인 교수법인 팀기반학습에서 제시한 좋은 과제의 요건 을 참고할 수 있다.[2]

좋은 팀 과제(4S)

- **의미 있는 문제**(Significant problem): 개인/집단은 학습자들에 게 의미 있는 학습 주제를 다룸
- **동일한 문제**(Same problem): 개인/집단은 동일한 문제, 사례 또는 질문을 다룸
- **특정한 선택을 요구하는 문제**(Specific problem): 개인/집단은 문제의 답을 선택하기 위해 학습한 개념을 활용함
- **동시 발표**(Simultaneous report): 개인/집단은 자신들이 선택 한 답을 동시에 발표함

팀 과제는 팀마다 같을 수도 있고 다를 수도 있다. 기본적으로 동일한 과제를 제시하는 것이 일반적이며, 결과를 상호 비교하고 더 훌륭한 결과에서 배우는 장점이 있다. 모든 팀이 동일한 문제에 대한 답이므로 순서대로 발표하는 '순차 발표'보다는 동시에 결과를 게시하는 '동시 발표'를 권장하며, 대면이라면 화이트보드나 큰 종이에 쓰도록 하고 비대면에서는 LMS에 댓글이나 게시글로 동시에 결과를 작성하도록 한다.

전공과 교과목에 따라 팀 과제는 매우 다르게 제시되겠지만, 모든 분야에 공통적으로 적용될 수 있는 것으로는 다음과 같은 방법이 있다. 잘 만들어진 대학 교재는 대부분 각 장의 마지막에 요약(학습정리), 심화문제(탐구문제) 등이 제시되어 있다. 이러한 지식에 대한 심화·적용을 위한 문제를 통해 적절한 팀 과제의 아이디어를 얻을 수 있다. 이공계열에서는 예제 풀이, 실험, 제작 등을 팀 학습 과제로 제시할 수 있다.

팀 과제는 짧은 시간 가능한 과제가 있고 장시간 소요되는 과제도 있다. 프로젝트학습, 문제중심학습, 액션러닝에서는 몇 차시에 걸쳐 소요되는 장기 과제도 있다. 전공 수업의 최종 산출물을 만드는 캡스톤디자인(capstone design) 수업에서는 학기 중 하나의 개인 또는 팀 결과물을 만들기도 한다. 그러나 이러한 교수법을 본격적으로 사용하는 것이 아니라면, 가능하면 수업 시간 내에 피드백이 가능한 범위에서 과제를 설정하는 것을 추천한다. 여기서도 실시간 수업 중에 이루어지는 팀 학습 과제를 중심으로 살펴본다.

팀 학습에서 과제는 토의형, 문제해결형이 일반적이나 선택형이나 단답형의 방식도 가능하다. 여러 명이 함께 해결할 만한 다소 난이도가 있는 문제를 제시하는 것이다. 대면에서는 팀별로 앉아서 답안 카드를 들게 하거나 학생이 앉은 순서로 1, 2, 3, 4를 지정하여 동시에 일어나게 하였다. 비대면에서는 선택형 문제를 팀별로 풀기가 쉽지는 않다. 그러나 이 또한 전혀 불가능하지는 않을 것 같다. 팀에서 몇 개 문제를 풀고 전체로 돌아와서 동시에 답을 게시할 수도 있겠다.

팀 과제 해결 중에 자료 참고 범위에 있어서 대면에서는 '자료 없이' 또는 '자료 참고' 모두 교수자가 통제할 수 있다. 그러나 비대면에서는 '자료 없이' 불가능하다고 봐야 한다. 따라서 자료에서 답을 가져올 수 있고 자료에서 답을 찾는 데 시간을 할애하는 '지식 확인용' 문제보다는 자료를 참고하면서도 지식이나 개념을 정확히 이해해야 풀 수 있는 '지식 적용형' 문제를 잘 만들고 제시하는 것이 바람직하다.

필자는 공부한 것을 다시 한번 찾아보고 실제에 적용할 만한 과제를 주로 제시하는 편이다. 20분 또는 30분 동안 토의하여 해결하도록 하며, 과제의 내용과 평가 기준을 제시한다.

〈표 3〉 팀 과제 예시: 교육행정학

주제	팀 과제
학교조직	다음은 학교조직을 설명하는 대표적인 조직이론이다. A. 관료제(bureaucracy) B. 조직화된 무질서(organized anarchy) C. 느슨하게 결합된 체제(loosely coupled system) D. 학습조직(learning organization) 한국 중학교 조직(현실)의 구조 내지 성격을 가장 잘 설명한다고 생각하는, ① 이론이 무엇인지 정하고, ② 그 이유가 되는 구체적인 근거(세 가지)를 들어 보시오. ※ 평가 기준: 현실(실제)의 설명력 높은 이론 찾기/이론과 예 결합하기
교육정책	다음은 의사결정 모형의 대표적인 예다. – 합리 / 만족 / 점증 / 혼합 / 최적 / 쓰레기통 모형 ○○대학 ○○과 학생회에서 춘계 MT의 '테마'와 '장소'를 결정함에 있어서 어떠한 의사결정 모형이 주로 이루어질까? ① 실제 일어날 가능성이 높은 모형 1개를 선택하고, ② 그 구체적인 사례(상황)를 함께 만들어 보시오. ※ 평가 기준: 이론의 정확한 이해, 실제성
종합	한국의 교사들은 입직 단계에서는 우수하나 교직 생애를 거쳐 역량 개발이 부족하다는 문제점을 가지고 있다. 어떻게 하면 현직교사들이 계속적으로 전문성을 개발할 수 있도록 할 수 있을까? 지금까지 공부한, ① 이론들(교육행정이론, 리더십론, 동기론, 장학론 등) 중 하나 또는 여러 개를 활용하여, ② 전문성 개발 아이디어를 함께 개발하시오. ※ 평가 기준: 이론의 적용, 효과성, 참신성

글로 정리하는 팀 학습 과제가 대부분이지만 그림도 추천한다. 다음 그림은 대면 수업(교육정책론)에서 4주 정도 공부했던 책을 정리하는 의미에서 '교육정책'을 그림으로 표현해 보라고 한 것이다. 전지와

펜을 주고 30분의 시간을 주었는데, 학생들은 교육정책을 '두부'에 비유하면서 여러 관련자가 함께 두부를 만드는 모습으로 표현하였다. 같은 과목명으로 운영했던 대학원 수업에서는 우연적 의사결정을 의미하는 '쓰레기통 모형'을 중심으로 교육정책을 표현하였다. 학생들은 공부한 내용을 다시 되돌아보면서 가장 인상적이고 핵심적인 배움을 창의적으로 표현해 낸다.

학생들이 수업 중에 함께 만든 팀 결과물(교육정책)
위는 학부생들이, 아래는 대학원생들이 만든 것이다.

한국 '교육재정'의 주요 특징을 5가지 선정하고 이를 그림으로 만드는 과정도 진행하였다. 대면 수업에서는 함께 모여 그리면 되지만 비대면 수업에서도 가능할까? 실시간 온라인 수업에서 시도해 보았다. 30분 만에 이런 작품이 나왔는데 한 학생이 이미지 편집에 능숙했고 팀원들이 활발하게 의견을 냈다고 한다. 대면 상황에는 미치지 못하지만, 아이디어를 내고 컴퓨터를 통해 이미지를 만드는 활동은 학습 내용을 정리하거나 발전시키는 과정에서 유용하다.

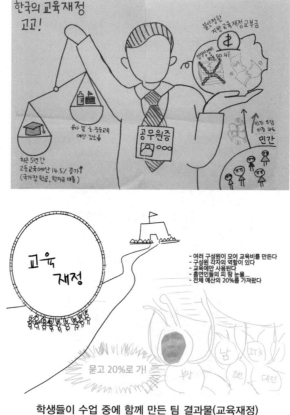

학생들이 수업 중에 함께 만든 팀 결과물(교육재정)
위는 대면 수업 중에, 아래는 비대면 수업 중에 만든 것이다.

실시간 수업에서 몇 개의 팀 과제를 제시하고 해결하는 것이 좋을까? 한 개도 좋고 두 개도 좋다. 제시한 사례 외에도 다양한 내용과 방법의 팀 과제가 있을 수 있다. 팀 학습은 그 자체가 목적이 아니다. 지식의 이해와 적용에서 팀 학습을 적절히 활용한다는 생각으로 팀 학습을 설계·운영하면 된다.

팀 학습에서 발표하기

팀으로 수행한 활동 결과나 과제를 발표하는 방식은 중요하다. 누가 발표할 것인가? 어떠한 결과물로 발표할 것인가? 발표 방식은 팀 학습의 효과를 높일 수 있는 중요한 장치가 되기도 한다.

발표의 순서를 기준으로 하면 '순차 발표'와 '동시 발표'가 있다. 모든 팀이 순서대로 발표하는 방식과 동시에 결과를 발표하는 방식이다. 팀의 수가 많지 않거나 팀마다 다른 과제를 수행했을 경우에는 순차 발표가 적절하다. 반대로 팀의 수가 많거나 팀이 같은 과제를 수행했을 경우에는 동시 발표가 효과적이다. 동시 발표는 팀 수행 결과를 화이트보드, 종이 등에 적어서 동시에 제출하고 칠판이나 벽에 붙여 볼 수 있도록 한다. 비대면 상황에서는 온라인상에 제출하는 것과 동일하며, 결과를 교수자와 학습자 모두 확인할 수 있도록 하는 것이 중요하다.

학교조직 관련 팀 과제(〈표 3〉)의 결과물로 동시 발표 예시
대면 수업에서는 결과를 동시에 제출하여 칠판이나 벽에 게시하고,
비대면 수업에서는 LMS와 채팅 등으로 동시에 제출한다.

발표하는 팀을 기준으로 하면 '전원 발표'와 '선별 발표'가 있다. 모든 팀이 발표하는 것과 일부 팀을 선별하여 발표하는 것이다. 발표를 모두 시킬 필요는 없다. 랜덤 선정, 우수한 내용의 팀 발표, 설명이 필요한 내용의 팀 발표 등 다양한 방식으로 선별하여 발표시킬 수 있다. 그러나 발표는 특정 혹은 일부 팀이 하더라도 모든 팀의 결과물을 확인할 수 있는 장치(결과 기록, 제출, 탑재 등)는 해 두어야 한다.

발표하는 학생을 기준으로 하면 '자율 선정'과 '교수자 지명'의 방식으로 나눌 수 있다. 누군가 대표로 발표할 학생이 필요할 경우 팀에서 발표자를 스스로 선정하는 것과 교수자가 당일 정하는 것이다. 전자가 일반적이기는 하나 후자도 효과적일 수 있다. 모두가 발표할 가능성이 있는 후보자라면 팀 활동과 결과를 전원이 숙지해야 하기 때문이다. 교수자가 정하는 방식은 여러 가지가 있는데, 팀원마다 일련번호가 있다면(예컨대, 1, 2, 3, 4) 오늘은 각 팀의 3번 학생이 발표하라고 한다든가, 팀원 중에서 가나다순으로 자신의 성이 가장

앞 혹은 마지막에 있는 학생을 지명하는 등이다.

단, 매우 중요한 팀 과제, 예를 들어 학기 중 단 한번 발표하는 팀 과제라면 발표에 사활이 걸릴 수 있다. 발표자 혼자 모든 부담을 떠안지 않도록 하는 것도 좋다. 또한 '모두 발표할 수 있는 수준으로 준비하라'는 것이 가장 큰 이유이므로 발표 형식에 대하여 미리 명확히 공지하고 일관성 있게 운영하는 것이 중요하다.

또한 '대표 학생 발표'가 아닌 '모든 팀원 발표'도 가능하다. 발표시간이 15분이고 팀원이 5명이라면 각자 3분씩 발표하도록 구성하는 것이다. 전통적인 조별 과제(집단탐구)의 경우 자료 수집, PPT 제작, 발표 등 과정 중심 분업을 하여 집단적인 토의와 성찰이 미흡한 편인데, 모두 발표하게 할 경우에는 내용별로 분업을 하고 모든 과정에 참여하는 장점이 있다.[3] 그러나 이것도 자신이 맡은 부분만 확실히 담당하는 '개인 발표의 집합'이 되지 않도록 하는 것이 중요하다.

비대면 수업에서는 기본적으로 팀 토의 후 LMS 공지에 댓글로 주요 내용을 남기도록 하고, 학생들에게 발표시키거나 교수자가 읽어 가면서 필요한 경우에는 발표시킬 수 있다. 상황에 따라 팀원 중 한 명(댓글을 단 학생)이 발표하기, 지명 팀 발표하기, 희망 팀 발표하기 등 다양하게 발표시켜 보도록 한다.

■ **과목공지**

과목명	교직실무 (00반)		

제목	10월 8일 수업 : 팀 학습	작성자	박수정
등록일	2020-09-28 17:35	조회수	24
첨부파일			
작성자정보	시번 ○○○○○○	학과	교육학과

교사 윤리(교사가 지켜야 할 것)를 각자 3가지 정도 적어보고,
팀에서 <교사 윤리 7계명>을 합의하여 정하고 덧글로 달아주세요.

배○○	볶음밥조 전체 의견 1. 학생을 학업 성적, 성별, 가정환경의 차이에 따라 차별하지 않는다. 2. 청렴의 의무를 다한다. 3. 교사는 맡은 학급의 학생을 한명도 포기하지 않고 학생 개개인을 인정한다. 4. 평가의 공정성에 최선의 노력을 기울인다. 5. 학생과의 소통을 최우선으로 한다. 6. 학생들의 목표에 대해 부정적으로 말하지 않는다 7. 교사는 변화하는 시대에 맞춰 수업에 대해 끊임없이 연구한다. 2020-10-08 16:56
권○○	교사가 지켜야 할 윤리 1. 학생들에게 비판 등 부정적인 말 하지 않는다. 2. 담임이 아니더라도 학생들의 이름을 전부 외운다. 3. 학생앞에서 잘못을 인정하는것을 부끄러워 하지 않는다. 4. 교사스스로 끊임없이 발전하기 위해 노력한다. 5. 학생들을 차별하지 않는다. 6. 학생들과 자유롭게 소통하는 교사가 된다. 7. 학생들에 대한 배려와 존중을 가진다. 2020-10-08 16:54
김○○	떳목조 1. 학생들을 차별하지 않도록 노력한다. (공정함) 2. 학생 개개인의 프라이버시나 비밀을 지킨다. 3. 왕따 문제에 민감하게 반응한다. 4. 학생의 개성과 가치관을 존중한다. 5. 부적응자와 약자를 세심히 배려한다. 6. 질 높은 수업을 위해 연구하고 준비한다. 7. 학생 개개인을 가족처럼 사랑한다. 2020-10-08 16:52

LMS에 댓글로 팀 학습 결과 발표

팀 학습 결과 발표에 있어서 결과물의 형식과 시간에 대한 정확한 지침을 주어야 한다. 교수자가 구두로 설명하더라도 학생들이

정확한 내용을 인지·확인할 수 있도록 내용을 명시하고, 얼마 동안 발표하는지(시작 시간과 종료 시간) 어떠한 방식으로 결과를 제출하거나 발표하는지 안내한다. 과제 형태의 팀 학습과 발표인 경우에는 더욱 명확하게 제시하여야 학생들이 정확히 준비할 수 있다.

수업 중 이루어지는 팀 토의의 경우, 사전에 어떠한 주제인지 생각해 보도록 미리 안내하는 것도 좋다. 즉각적으로 좋은 아이디어를 생각하기 어려울 경우, 미리 팀 학습에 대한 안내가 이루어지면 좀 더 준비하고 수업에 참여할 수 있다. 예를 들면, '학생 생활과 문화'라는 주제에서 팀 학습은 '학교폭력'에 대한 것이며 관련 법조문을 살펴보고 오도록 하였다. 수업 중에는 법조문과 관련하여 학교폭력 판례에 대해 해석하고 해결 방안을 모색하는 토의를 진행하였다. '교육재정' 주제에서는 한국 교육재정의 특징과 관련된 팀 학습을 할 것이라고 예고하였다. 이렇게 사전 안내를 하면 사전학습을 하면서 수업 전에 주의 깊게 공부하고 생각해 보고 올 수 있다.

팀 학습 결과물과 발표는 글의 형식이 대부분이지만, 과제에서 이미 언급한 바와 같이 그림이나 이미지, 동영상도 가능하다. 특히 실시간 온라인 수업에서는 '이미지'의 형태가 매우 효과적인 방법이 될 수도 있다. 텍스트를 이미지로 표현하는 '비주얼씽킹(visual thinking)'은 정보를 쉽게 전달하는 데 강점이 있으며 '표현' 이전에 '발상'에 방점이 있다.[4] 개인 또는 팀 과제의 결과 발표를 비주얼씽킹 형태로 하게 한다면 사전에 취지와 방법을 잘 안내해 주어야 한다. 관련 자료와 샘플은 인터넷에서 충분히 찾을 수 있다.

개인 과제의 경우에도 제출은 글로 하고, 수업 중 발표는 1장 요약(글 또는 이미지) 또는 동영상으로 발표하도록 하면 중요한 내용에 집중하면서 몰입도를 높이는 발표가 될 수 있다. 교육행정을 공부하면서 관심이 있는 내용에 대하여 2명 이상의 교사를 면담하고 그 결과를 하나의 이미지로 발표하도록 한 것이다. 충실히 조사한 내용을 바탕으로 각자 선호하고 잘할 수 있는 방식으로 표현하였다.

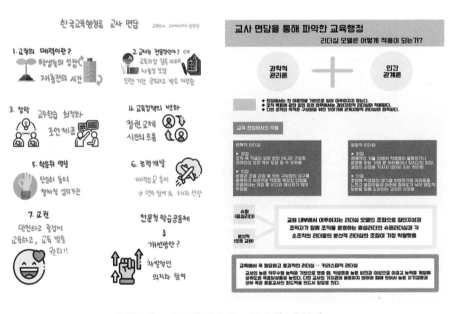

학생들의 교사 면담 결과 발표 이미지(교육행정)
각자 개성적인 방식으로 만들고 실시간 수업의 공유를 통해 발표한다.

실시간 수업을 하게 되면서 대학원 수업에서도 발표 시 글로 된 자료를 먼저 작성한 후, 수업 중 발표는 1쪽 분량의 이미지, 5분 이내 발표로 운영하고 있다. 손글씨와 그림도 가능하다. 그러나 이미지와 영상에 익숙한 학생들은 기대를 뛰어넘는다. 나이 지긋한 대학원생이라고 도전하지 못하겠는가. '창의적이고 멋진 프레젠테이션 능력'도 계발되어야 할 능력 중 하나다!

발표 방식에 따라 팀 학습의 질이 달라질 수 있다는 점은 반드시 기억해 둘 필요가 있다. 진정한 팀 학습을 위한 장치들은 매우 다양하게 마련될 수 있다.

팀 학습의 설계와 운영:
토의형 팀 학습

팀 학습의 유형을 크게 둘로 나눠 보면 매시간 제시된 팀 과제를 해결하는 방식과 장기간에 걸쳐 하나의 팀 과제를 해결하는 방식(장기적인 과제 해결)이 있다. 전자를 토의형, 후자를 프로젝트형으로 명명하는데, 먼저 토의형 팀 학습의 운영 방식을 설명하도록 한다.

많은 지식과 정보를 학습한 후 이를 실제나 문제로 적용해 보는 경험은 수업 중 여러 차례 이루어질 수 있다. 매 차시 학습 목표와 내용이 있고 이에 대한 심화학습의 개념으로는 수업 중에 팀 토의를 진행하는 것이다.

실시간 수업 중에는, ① 전체 학습, ② 팀 학습, ③ 정리를 순차적으로 진행해 볼 수 있다. 1회의 수업에 ①, ②, ③ 순서로 진행할 수도 있고, 좀 더 짧게 나누어 ①, ②, ③을 2~3회 반복적으로 진행할 수도 있다.

수업이 3학점으로 1.5시간 + 1.5시간인 경우, '전체 학습 중심 1.5시간 + 팀 학습 중심 1.5시간'으로 반분해서 운영할 수도 있고, 매시간 '전체 학습 40분 + 팀 학습 30분', 또는 '전체 학습 20분 + 팀 학습 20분+전체 학습 15분 + 팀 학습 15분' 등으로 운영할 수도 있다. 전자의 경우에는, 먼저 교수자가 강의하고 이를 적용하는 팀 학습을 그다음 시간에 배치하여 학습 내용을 완성하는 방식이 대표적이다. 후자는 수업 중에 강의와 팀 학습을 순차적으로 하는 것으로, 사전학습을 하도록 하여 강의를 줄이는 것이 효과적이다.

토의형 팀 학습 운영 설계 예시
- 수업 시간 구분 운영: 매주 1회차 수업은 전체 학습 중심
　　　　　　　　　　　 2회차 수업은 팀 학습 중심
- 팀 학습 포함 운영: 매시간 전체 학습 + 팀 학습 (1회 또는 반복)

수업의 방식은 유연하게 운영할 수 있지만, 어느 정도는 규칙적으로 운영하는 것이 학생들로 하여금 수업 진행을 예측하고 준비할 수 있도록 하는 장점이 있다. 그럼에도 정해진 틀에서 필요하다면 더 효과적인 수업을 위하여 변동이 가능하며, 새로운 시도는 수업에 자극제가 될 수 있다.

이와 같은 방식으로 팀 학습을 본격적으로 활용하기 어렵거나 익숙하지 않다면, 이런 방식의 팀 학습 시도는 어떨까? 실시간 수업 (1.5시간 기준)에서 50분 정도 강의를 했다면, 쉬는 시간을 가진 후 10여 분 정도는 학생들을 소회의실에서 수업에 대한 의견을 나누게 하거나 특정 질문에 대한 토의를 하게 하거나 궁금한 것을 서로 해결하도록 하는 것이다. 전체 강의실에서 활발하게 이야기하기 어려웠던 학생들은 소회의실에서는 이야기를 나눌 것이다. 물론 정확한

과목명	교직실무 (00반)		

제목	12월 3일 팀 활동 : 학부모 상담 롤플레이	작성자	박수정
등록일	2020-12-03 12:30	조회수	25
첨부파일			
작성자정보	시번	○○○○○○ 학과	교육학과

상황 1. 학기초 학부모 상담 (일반적인 학생-상황 설정)
상황 2. 학교폭력 피해에 대한 학부모 상담 (카톡방 괴롭힘에 대한 상담 문의-혹은 기타)
상황 3. 학급에 건의하러 온 학부모 상담 (학급 학부모회 대표 엄마와의 상담)
상황 4. 학교에 민원을 제기하러 온 학부모 상담 (야간자습을 왜 모두 해야 하나요? 등 민원 내용 자유)
상황 5. 문제 학생에 대한 학부모 상담 (무단결석)

1. 위 상황 중 하나를 선택하여 2인 1조로 3분간 롤플레이 (교사-학부모)
   짝을 바꾸어 동일한 상황에 대한 3분간 롤플레이 --- 협의 시간 포함 8분
2. 다른 조 실습 ---- 7분
3. 한명은 이 상황을 간단히 기록 (아래 소감 포함)
4. 롤플레이 소감 (경험, 관찰) 나누기, 이런 상황은 이렇게 하면 좋겠다 피드백 --- 5분 (총 20분)

강○○	교사가 되었을 때 학생들에게 관심을 가지고 학생을 둘러싼 여러 상황이나 관심사, 교우관계 등을 잘 파악하고 있어야겠다는 생각을 했습니다. 이러한 내용을 정리해서 학부모와의 상담이 이루어질 때 원활하게 진행될 수 있도록 해야겠다고 느꼈습니다. 2020-12-03 16:53
이○○	무슨 말을 어떻게 해야 학부모와 소통할 때 실례가 아닐지 고민이 되었고, 어려운 존재라는 생각이 많이 들었습니다. 문제 해결로 나아가야한다는 생각 때문에 강박적으로 대책을 강구하려고 했던 것 같습니다. 2020-12-03 16:45
권○○	생각보다 학부모의 상담을 받으면 교사로서 당황하게 되는 것 같다. 미리 여러가지 예상상황을 설정하고 그에 대한 대답을 준비하는 것이 중요하다고 생각된다. 2020-12-03 16:44
최○○	실제 겪어보지 않은 상황에 대해서 이야기 나누는 것에 대해서 어려웠습니다. 무단결석에 대해서 롤플레이를 진행했는데, 많은 정보를 알고 있지 않기도 했고 막무가내로 나는 모르겠다 보호자가 이렇게 나오면 어떻게 대처를 해야할 지 많이 고민이 될거같고 경험과 노하우로 유연한 대처가 필요할 것이라 생각합니다. 2020-12-03 16:43

LMS에 댓글로 올린 팀 활동에 대한 개인 소감

토의 주제(미션)가 제시되고, 팀 토의 결과를 팀별로 정리하여 제시할 수 있는 장치(LMS 댓글, 채팅 등)가 있다면 소회의실에서 학생들은 '의미 있는 학습 경험'을 만들어 낼 것이다. 본격적인 팀 학습의 적용이 아니더라도 충분히 의미 있는 시간이 될 것이다.

교수자는 팀 학습 결과 중 일부를 지명 또는 자원하여 발표시키거나 의미 있는 내용을 소개하여 피드백하면서 수업을 마무리한다. 팀 학습에서 이루어진 팀 토의 결과를 확인하는 것 외에도 개인적인 의견이나 소감을 수업 중 또는 수업 후에 추가로 댓글을 달도록 해도 좋다. 팀 토의 후 자신의 생각이 변했을 가능성도 있다. 또한 수업 중 했던 팀 활동에 대한 학생 개인의 소감을 정리하게 하면 학생도 성찰하고 교수자도 중요한 정보를 얻을 수 있다. 바로 이러한 것들이 실시간 수업에서 가능한 상호작용(교수자-학습자, 학습자-학습자)의 예다.

팀 토의는 반드시 정해진 팀으로만 해야 할까? '팀'의 의미에 부합하는 방식은 '정해진 팀에서의 팀 활동'이지만 가끔은 새로운 팀과 토의해 보는 경험도 환영이다. 그러나 새로운 동료와의 팀 학습을 제대로 세팅하는 것은 쉬운 일이 아니다. 정해진 팀에서의 팀 활동을 기본으로 하되, 두 명으로 이루어지는 짝 토의(함께 문제를 풀거나 서로 설명하는 것이 좋다), 비슷한 성격의 동료로 즉흥적으로 구성한 팀 토의(봄, 여름, 가을, 겨울/빨주노초파남보/1~10 중 하나를 택하여 가시오!), 완전 자동(랜덤)으로 구성된 팀 토의도 한두 번 시도해 볼 만하다.

실시간 온라인 수업에서는 소통과 상호작용이 반드시 필요하다. 전체적으로든 팀으로든 학생들이 자신의 생각과 의견을 제시할 수 있어야 하고, 좀 더 깊은 참여와 발전을 위해서는 토의형 팀 학습이 큰 도움이 될 것이다.

팀 학습의 설계와 운영:
프로젝트형 팀 학습

팀이 하나의 과제를 장기간에 걸쳐 해결하는 방식(장기적인 과제 해결)은 프로젝트형 팀 학습이라고 할 수 있다. 학습이 어느 정도 이루어진 후 팀에게 중요한 과제를 부여하고 몇 주에 걸쳐 팀 학습을 진행한 후 결과물을 산출하도록 하는 방식이다.

이 경우 여러 가지 방식이 있을 수 있으나, ① 과제 부여 및 팀 빌딩, ② 팀 활동 진행, ③ 중간 발표 및 피드백, ④ 팀 활동 진행, ⑤ 최종 발표 및 평가 등의 순서로 전체적인 프로젝트형 팀 학습을 진행해 볼 수 있다. 이러한 절차는 수행할 프로젝트의 성격에 따라 다르나, 수업과 별개로 프로젝트 수행을 팀이 자체적으로 진행하는 것이 아닌 실시간 수업 중에서 이러한 과정을 포함하면서 운영·지원하는 것이 중요하다.

프로젝트형 팀 학습의 과제는 모든 팀이 동일한 과제를 수행할 수도 있고 다른 과제를 수행할 수도 있다. 수업의 전체 팀이 같은 과제를 부여받는 경우, 동일한 결과를 기대하기보다는 과정과 결과 면에서 차별화될 수 있는 과제가 좋다. 'A라는 지역사회 관련 과제를 해결하기 위한 효과적인 해결안 개발'이라는 과제라고 한다면, 문제의 원인 분석, 해결안 탐색, 실행 등이 팀마다 다르게 전개되고 다양한 해결안이 도출될 수 있다.

다른 과제를 수행하는 경우에도 대주제는 동일하면서 팀마다 세부 과제를 다르게 부여한다면 전체 주제와 세부 과제에 대한 이해도가 높아질 것이다. '학생 중심 교수법을 적용한 수업 설계'라는 대주제 중 프로젝트학습, 문제중심학습, 팀기반학습, 액션러닝, 직소러닝 중 배정 또는 선택하도록 하면 자신의 팀이 담당한 교수법을 집중적으로 학습하는 동시에 다른 팀의 교수법과 수업 설계 발표를 통해서도 배울 수 있을 것이다.

프로젝트형 팀 학습의 과제는 팀원이 모두 같은 과제를 수행하는 '팀 과제'형(싱글 프로젝트)이 일반적이지만, 팀원이 서로 다른 과제를 수행하는 '개인 과제'형(오픈 프로젝트)도 있다. 예를 들어, A라는 지역사회 관련 과제를 팀원 전체가 함께 해결하는 경우는 전자에, A라는 지역사회 관련 과제에서 팀원이 각각 다른 세부 과제를 해결하는 경우는 후자에 속한다. 대체로 팀 과제형이 일반적이나 후자가 효과적인 경우도 있다. 이 또한 앞의 예시와 비슷할 수 있는데, 예비교사가 수업지도안을 작성할 때 '학습자 중심의 수업지도안 설계'라는 주제 속에서 각자 수업지도안을 구상하고 팀에서 상호 논의하면서 이를 더욱 발전시켜 나갈 수 있다.

프로젝트형 팀 학습의 과제는 교수자가 제시할 수도 있고 학생들 스스로 설정할 수도 있다. 교수자가 제시하는 경우는 학습목표를 달성하기 위하여 가장 적절하다고 생각하는 프로젝트 수행 과제를 선정하는 것으로, 교수자가 진행 상황을 파악하고 지도하기에 용이하다. 그러나 학생들의 자발성은 다소 떨어질 수 있다. 학생들이 과제를 설정하는 경우는 교수자가 제시한 프로젝트의 방향과 주제 안에서 학생 스스로 적절한 과제를 찾아서 선정하는 것이다. 학생들이 과제를 발굴하기 때문에 주체적이고 적극적인 태도가 수반될 수 있다. 이 경우에도 선정된 과제에 대한 교수자의 초기 지도가 필요하다. 학습목표를 달성하기에 적합한 과제인지, 예상되는 결과는 어떠한 범위와 수준인지 등을 초반에 확인하여 팀 학습에 반영하도록 지도하고, 학생들의 프로젝트 수행 과정 또한 적절히 지원해야 한다.

이 밖에 외부 전문가 또는 수요자가 요구하는 과제로 한정할 수도 있다. 이 경우는 적극적인 지역사회 내지 산업체 연계형 과제로 볼 수 있는데, 특히 액션러닝을 적용한 수업, 캡스톤디자인 수업에 적합하다. 캡스톤디자인은 전공에서 최종적인 산출물을 만들어 보는 수업으로 팀 또는 개인으로 전공 관련 시제품, 설계도면, 프로그램 등을 만들어 볼 수 있다. 이 과정에서 전공과 관련된 산업체 인사, 지역사회 전문가, 해당 산출물의 수요자 등에게 필요한 과제를 의뢰받거나 과제 수행에서 전문적인 조언과 피드백을 받을 수 있다면 과제의 질과 현장과의 연계성이 높아질 것이다.

일종의 프로젝트로서 '스마트폰 영화 제작'과 같이 동영상 형태의 결과물을 도출하는 팀 프로젝트도 가능하다. 영화학과 학생이 아닌데 영화를 만든다? '영화를 만들기 위한 수업'이 아니라 '영화를 만들면서 배우는 수업'이라고 생각하면 어느 과목이든 가능하다. 팀 학습의 결과물을 '글로 된 보고서'가 아닌 '영화'로 만든다고 생각하면 접근이 쉽다. 2013년부터 교육학과 전공 수업(교사론)에서 교직과 교사를 주제로 15분 이내의 영화를 팀으로 만들어 왔고, 영화제 또는 학과 축제에서 영화를 상영하였다.[5] 비대면 상황에서는 다른 형태의 동영상 제작 과제도 가능하다.

교사론 수업에서 학생들이 만든 영화 포스터(2019년)

이러한 프로젝트형 팀 학습은 대체로 이론적 이해의 바탕 위에 이루어지는 경우가 많다. 수업의 전반부는 내용 학습, 후반부는 적용 학습으로 구성하여 중요한 프로젝트를 후반부에 배치함으로써 학습의 효과를 높이는 경우가 대부분이다. 스마트폰 영화 제작도 마찬가지였다. 공부와 조사를 치열하게 한 후 영화 제작에 돌입하였다. 그러나 캡스톤디자인 수업에서와 같이 한 학기 내내 프로젝트 수행을 하는 경우도 있으며, 이 경우에도 지금까지 공부한 내용을 바탕으로, 때로는 새로운 지식을 찾아가면서 프로젝트 수행의 과정과 결과를 통해 전공 관련 역량을 종합적으로 키운다는 점에 초점을 두고 수업을 설계·진행하여야 한다.

프로젝트형 팀 학습은 과연 비대면 수업에서도 효과적으로 진행할 수 있을까? 사실 대면으로도 성공적인 운영을 하려면 교수자와 학습자 모두 많은 노력이 필요한데 비대면에서는 더욱 큰 노력이 필요하다. 교직과목('교육평가')에서 비대면 방식의 프로젝트학습을 5주간 운영한 수업 사례 연구에서는 학습자들이 프로젝트를 수행하는 과정을 별도의 과제가 아니라 수업 시간 내에 공식적으로 포함되어야 하며, 교수자에 의해 각 수업 시간 중에 어떠한 활동을 할 것인지 사전에 계획되고 모니터링 되어야 함을 제언하였다.[6]

교수설계에 따라 비대면 수업에서도 프로젝트형 팀 학습이 가능하며 효과적으로 운영될 수 있다. 앞서 살펴본 팀 빌딩과 팀 규칙은 더욱 중요하며, 학생들의 팀 활동 시간을 실시간 온라인 수업 시간에도 할애하고 교수자의 피드백도 팀별 소회의실에서 제공하는 등의 노력을 통해 충분히 시도해 볼 만한 팀 학습이다.

팀 학습 지원과 피드백

팀 학습에 대한 학생들의 경험은 아쉽게도 그다지 좋지 못한 것 같다. '팀 과제를 혼자 했어요.'라고 생각하는 학생이라면 이후 팀 학습이 포함된 수업은 피하는 경향마저 생긴다. 사회에 나가서도 혼자 하는 일은 거의 없고 협업과 협력이 필요한데, 대학에서의 의미 있는 협력 경험은 매우 중요하지 않을까?

팀 학습의 성패는 교수자의 팀 학습 지원과 피드백에 달려 있다고 해도 과언이 아니다. 사실 '팀 학습'을 한다는 것보다 '진정한 팀 학습'을 한다는 것이 중요한 것이다. 팀 학습을 지원하는 교수자의 다양한 방법과 피드백 방안을 몇 가지 살펴보도록 한다.

첫째, 팀 학습의 운영과 결과물, 평가 방법 등에 대한 명확한 지침과 안내가 필요하다. 막연하게 이루어지는 팀 학습이 아니라, 무엇을 해야 하고 어떠한 형태로 결과를 만들며 어떻게 결과를 제출하고 평가를 받는지, 팀과 개인의 평가 방법은 어떻게 이루어지는지 등을 교수자가 사전에 설계하고 학생들에게 명확하게 제시하여야 한다. 평가만 해도 팀의 성과도 평가를 받는 것인지, 팀 성과의 평가 결과는 팀원에게 모두 동일하게 적용되는지, 팀에 대한 자신의 기여도를 평가하는지 등에 따라 팀 학습에 대한 태도가 달라질 수 있다. 팀 학습의 과정과 결과에 대한 지원과 보상 체계를 마련하고 이를 학생들에게 정확하게 인지시킨다면 팀 학습에 적극적인 참여 자세를 이끌어 낼 수 있을 것이다.

둘째, 팀 규칙의 설정과 팀 규칙 성찰 기회의 제공이 필요하다. 앞서 팀 빌딩의 꽃은 '팀 규칙'을 팀원이 함께 만드는 것이라고 하였는데 팀원이 지켜야 할 규칙에 대해 이야기하고 합의하는 것은 매우 중요하다. 매주 짧게 토의를 하든 장기 프로젝트 수행을 하든 팀 규칙의 설정은 원활한 팀 토의와 프로젝트 수행에 큰 도움이 된다. 그리고 학기 중간 또는 프로젝트 중간 시점에서 팀 규칙을 성찰하는 '팀 성찰' 시간을 수업 중에 부여하도록 한다. ① 우리 팀이 잘한 점, ② 개선, 보완이 필요한 점을 각자 써 보게 하고, 팀 안에서 각자 1분씩 돌아가면서 이야기를 하게 하면 팀 분위기 쇄신에 큰 도움이 된다.

대면 수업에서는 간단한 성찰의 경우 포스트잇 활용도 많이 하였다. 색상을 달리 하여 하나씩 작성하게 하고 벽에 붙이면 팀원 전체의 성찰 내용을 한눈에 확인할 수 있다. 실시간 온라인 수업에서는 포스트잇과 비슷한 이미지를 구현하는 구글 잼보드를 활용해 보아도 좋겠다.

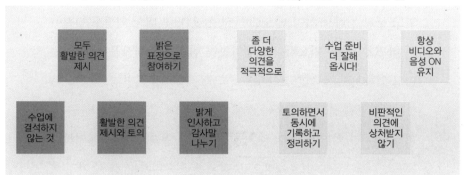

| 우리 팀의 강점 | 개선, 보완이 필요한 점 |

| 모두 활발한 의견 제시 | 밝은 표정으로 참여하기 | | 좀 더 다양한 의견을 적극적으로 | 수업 준비 더 잘해 옵시다! | 항상 비디오와 음성 ON 유지 |
| 수업에 결석하지 않는 것 | 활발한 의견 제시와 토의 | 밝게 인사하고 감사말 나누기 | 토의하면서 동시에 기록하고 정리하기 | 비판적인 의견에 상처받지 않기 |

구글 잼보드로 팀 성찰을 위한 개인 의견을 함께 확인할 수 있다.

사람들 간의 상호작용과 협업에서 '갈등'은 사실 자연스러운 것이다. 팀 학습을 하는 과정에서 학생들은 여러 종류의 갈등을 경험하게 되고 이러한 갈등을 해결하거나 미처 해결하지 못한 채 수업을 마치기도 한다. 팀 학습 과정에서 마주하는 갈등을 통해서도 배우고 성장할 수 있다.[7] 갈등이 슬기롭게 해결되고 한 단계 성장하는 생산적인 경험이 되며 팀 학습에 대한 학생 개인의 책무성과 배려가 발휘될 수 있도록 교수자는 세심한 주의를 기울여야 한다.

셋째, 팀 내 역할 분담은 신중하게 접근할 필요가 있다. 팀 토의 진행에 있어서 교수자가 특정한 역할(사회자, 참여자, 기록자, 발표자 등)을 부여하는 경우도 있고 팀장(팀 리더)을 선정하기도 하고 주어진 팀 과제 수행에서 팀원들이 역할을 분담(내용 조사, 내용 정리, 발표자료 작성, 수업 중 발표 등)하여 진행하기도 한다. 어떠한 방식이든 가능하고 필요하나 토의형 팀 학습의 경우에는 리더나 역할 없이 자율적으로 진행해 보게 하는 방식도 권장한다. 학생들이 돌아가면서 사회도 보고 기록도 하고 발표도 하면 어떨까? 리더의 역할도 번갈아서 하면 어떨까? 필요하다고 생각하는 팀에서는 팀장을 선출할 것이고 연락처도 공유할 것이다.

팀 내 역할 분담을 정하는 것에 대하여 다소 소극적인 이유는 오히려 주어진 역할만 하게 될 가능성에 대한 우려에서다. 철저하게 N분의 1로 분담하여 '효율적으로' 팀 과제를 수행하는 경우, 여러 사람이 함께 의견을 모아 새로운 결과물을 생산하지 못하기도 하고 개별의 합 이상의 시너지 효과를 거두기 어렵다. 가장 좋은 답을 함께 만들어 가는 과정, 혼자 하는 것보다 더 멋진 결과물이 나오는 놀라운 경험을 기대해 본다.

넷째, 팀 학습에 대한 피드백은 다양하면서도 효율적으로 제공되어야 한다. 무엇보다 교수자의 피드백이 중요하다. 팀 학습의 방향, 진행 과정, 결과물의 질 등에 대하여 교수자의 즉각적인 피드백이 팀 학습의 질과 참여도를 높일 수 있다. 앞서 토의 결과에 대한 LMS 댓글 기록을 통한 발표를 설명하였는데, 댓글에 대하여 실시간 온라인 수업에서 즉각적인 피드백도 필요하고 LMS에서 좀 더 상세한 피드백도 좋다.

또한 프로젝트형 팀 학습에서는 초기와 중반 발표에서의 점검과 피드백이 대단히 중요하고, 최종 발표는 통상 평가와 연결되지만 피드백을 통해 자신의 활동과 결과물에 대한 정확한 자체 진단을 가능하게 하고, 피드백을 반영하여 보완해서 마지막으로 팀 과제를 제출할 수 있는 기회를 주는 것도 좋다.

실시간 온라인 수업에서 소회의실을 개설하여 팀 학습을 진행할 때, 소회의실에 교수자가 들어가 보는 것은 모니터링이면서 또한 피드백이다. 단, 비디오 off 상태로 소회의실에 입장하여 자유로운 팀 학습에 방해가 되지 않도록 하고, 조언할 내용이 있으면 적절히 개입하는 것도 좋다.

개별 팀 학습이 이루어지는 소회의실에 입장하여 모니터링과 피드백하기

교수자 외에도 팀 학습의 과정과 결과에 대한 피드백은 학생 상호 간에, 외부 전문가에 의해서 등 다양하게 이루어질 수 있다. 팀 학습 평가에 대해서는 제4부에서 자세히 살펴볼 것이다.

온라인 수업에서 팀 학습 운영 사례 1: 플립러닝 적용 수업

2020년 2학기에 교직과목 '교직실무' 수업(2학점)에서 플립러닝을 적용한 팀 학습을 운영하였다. 교직실무는 교사양성과정에 있는 학생들이 반드시 수강해야 하는 필수과목으로, 교사가 교직에서 수행하는 다양한 업무를 이해하고 교직에서의 실무능력을 키우는 데 목적이 있다. 이 수업은 사범대학, 교직 과정, 교육대학원 학생 등 다양한 전공의 학생 23명이 수강하였다.

일상적인 대면 상황이었다면 통상 팀기반학습으로 운영하였던 수업이다. 혹은 새롭게 액션러닝이나 프로젝트학습을 도전했을지도 모르겠다. 그러나 비대면 상황이라는 점을 감안하여 팀기반학습에서 엄격하게 운영되는 학습준비도 평가를 제외하였고, 사전학습확인(자율요약, 사전 소감과 질문, 수업 중 퀴즈, 미니 강의)을 강화하면서 심화학습으로 다양한 팀 활동(토의, 활동, 과제)과 일부 개인 과제(서평, 과제)로 수업을 설계하고 진행하였다.

'매주 실시간 수업'과 '사전학습을 하는 플립러닝'을 강의계획서에 명시해서일까? 수강 신청 학생 수는 평소보다 줄었는데, 사실 이런 일은 흔한 일이다. 그래서 첫 시간이 중요하다. 정확한 수업의 방향과 방식을 안내한 다음 그래도 '고생한 만큼 얻어 간다.' '팀 학습은 수업 중에만 이루어져 할 만하다.'고 설득도 한다. 이런 수업도 하나 정도는 있을 만하지 않을까? "일단 함께해 봅시다!"

교직실무 수업 성찰문 일부 (충남대 교육학과 안지윤)

교직실무는 필수로 들어야 하는 과목이기 때문에 수강하게 되었습니다. 수강 신청을 할 때만 해도 무엇을 배우는지 몰랐습니다. 실무라는 이름 때문에 학교에 갔을 때 알아야 하는 교사의 업무에 대해 배우는 것인가 하고 어렴풋이 생각했습니다. 수업 오리엔테이션을 들으면서 만만치 않겠다는 생각이 들었습니다. 솔직히 실시간 줌 수업을 한다는 것과 비디오를 모두 켜고 있어야 한다는 점이 부담스러웠습니다. 또한 플립러닝으로 혼자서 예습을 해 와야 한다는 것도 익숙지 않은 부분이었습니다. 매주 소감을 작성하고 팀 활동도 진행된다는 것이 **대학생으로서 하기 싫은 모든 것의 총집합이었던 것 같습니다.**

플립러닝으로 설계한 수업은 '교재를 통한 사전학습'과 '실시간 수업을 통한 심화학습'으로 진행되었고, 심화학습은 팀 학습을 중심으로 이루어졌다. 학기 중에 대면 수업이 가능해지면 만날 수 있을 것이라 기대하였고, 최소한 마지막 평가는 대면으로 할 수 있을 줄 알았으나 상황이 좋지 않아 단 한 번도 실제로 만나지 못한 채 수업

이 종료되었다. 직접 얼굴을 마주하지 않는 상황이 다시 오지 않기를 바랄 뿐이다.

교수자와 학습자는 '화면을 통해' 매주 만났다. 첫 3주간은 교수자의 강의와 수업 진행 방식 안내로 이루어졌고 4주차부터 본격적으로 플립러닝이 이루어졌다. 실시간 수업에서의 규칙(사전학습 필수, 비디오와 음성 on 등)도 안내하였다. 또한 팀 학습이 중심이 되는 심화학습을 대비하여 4~5명의 팀을 구성하고(성별, 전공, 학년 등 다양한 구성) 팀 빌딩으로 시작하였다. 6주 정도 동일한 팀으로 운영하고 한 차례 새롭게 팀을 구성하였는데 새로운 동료와 팀 학습을 해 보는 경험, 혹시나 자신과 팀이 맞지 않는 경우에 대한 고려, 수업의 분위기 전환 차원에서였다. 팀 빌딩 시간은 당연히 포함하였다.

사전학습은 정해진 교재를 각자 읽고 자율요약, LMS에 소감과 질문에 댓글 달기가 필수로 요구되었다. 학생들이 혼자 공부하기에 적합한 교재를 선정하였고, 한 개 장 정도의 분량을 예습해 오도록 하였다. 분량과 형식 제한 없이 자율요약을 작성하여 각자 보관하게 하고 수업 시간에 화면상으로 동시에 확인하였으며, 기말시험에서 이를 볼 수 있음을 안내하여 매주 자율요약하면서 예습하는 동력을 만들어 주었다.

실시간 수업에서는 자율요약 작성 확인, 소감과 질문에 대한 피드백, 퀴즈, 미니 강의 등으로 사전학습을 확인하고 활용하였다. 2학점이었기 때문에 50분은 사전학습 확인과 이해 제고, 50분은 제시된 과제를 함께 토의하면서 해결하는 토의형 팀 학습을 주로 진행하였다. 소회의실로 운영된 팀에서 의견을 나누고 수업 후 자신의 생각을 정리하는 과제도 있었고, 학부모 상담 주제에서는 교사와 학부모 롤 플레이와 같은 팀 활동도 진행하였다.

이 밖에 수업과 관련된 도서를 10권 정도 제시하고 한 권을 선택하여 서평을 작성하는 과제가 10주차에 있었다. 기말시험으로 지필평가를 1회 실시하였는데, 비대면 평가를 해야 하는 상황이 전개됨에 따라 결국 실시간 화상 공간에서 평가가 이루어졌다. 당초 공지한 내용을 최대한 이행하기 위하여 시험문제는 자율요약을 참고하면서 볼 수 있는 문제로 출제하였고, 성실하게 요약한 학생을 확인하기 위하여 지정된 장 2개와 각자 가장 잘 썼다고 생각하는 장 1개를 자율요약 파일 또는 이미지로 올리도록 하여 확인하였다.

교직실무 수업 성찰문 일부 (충남대 교육학과 안지윤)
하지만 한 학기가 지나고 나니 **이 모든 것을 해낼 수 있다는 성취감을 주는 수업**이었습니다. 사실 꾸준히 예습하고 요약을 한다는 것이 쉽지 않았는데 끝까지 포기하지 않고 해냈다는 것이 뿌듯한 것 같습니다. 또한 다른 학우분들은 무엇을 느꼈는지 댓글로 소감을 적는 활동을 통해서 공유가 가능했던 점이 좋았습니다. 예습 활동과 실시간 줌 수업을 통해 교직실무라는 과목이 포함하고 있는 내용에 대해 배우면서 신규교사의 어려움도 알게 되고, 앞으로 어떤 교육이 필요한지도 고민해 보는 시간이었습니다. 그리고 보건실 경영관도 써 보고 학교운영위원회로 7행시도 지어 보고 학부모와 교사의 상담 롤플레잉도 해 보고 책을 골라 서평도 적어 보았는데, 이렇게 다양한 활동을 하면서 여러 가지를 느낀 것 같습니다. 보건실 운영 방침에 대해 글을 쓸 때는 정말 보건교사가 된 그 상황에 이입하여 생각해 보는 시간이었습니다. 읽고 싶은 책을 골라서 서평을 쓰는 활동을 통해서는 교직 생활의 현실을 깨달았고, 무조건 수용하는 것이 아닌 비판적으로 생각하는 법에 대해서 배웠습니다. 팀 활동 중에 상담 롤플레잉을 했던 것이 특히 기억나는데, 학생을 교육할 때 학부모와의 협력이 꼭 필요하다는 것을 느낀 활동이었습니다. 가정과 학교에서 교육의 일관성이 아이들에게 혼란을 주지 않기 위해서 중요하다는 것을 깨달았습니다.

학생 평가는 개인 성과, 팀 성과, 기여도를 평가 요소로 하였는데 개인 성과는 개인 과제와 기말시험, 출석과 참여도로, 팀 성과는 팀 결과물, 기여도는 동료평가로 하였다. 팀 활동 종료 직후 기여도 평가(소속 팀이 2팀이므로 두 차례)를 실시간 수업 중에 온라인 설문조사로 실시하였다. 이 시기가 학기 중반과 후반이었으므로 기여도 평가와 함께 각각 자신의 중간 성찰과 최종 성찰도 간략히 써 보도록 하였다.

수업 종료 후에는 수업 성찰문을 작성하여 제출하도록 하였다. 1쪽 분량으로 '솔직하고 진지하게 작성'하게 하였다. 이것은 전체적인 학습 내용과 자신의 성장을 되돌아보게 하는 과제로, 여기에 소개한 간호학과 교직이수 학생의 글은 교직과 자신에 대한 인식 변화를 보여 준다.

교직실무 수업 성찰문 일부 (충남대 교육학과 안지윤)

보건교사는 비교과 교사이기 때문에 학생 때 보았던 보건 선생님의 기억으로만 판단하고 있었습니다. 보건교사가 학생들에게 약 주고 치료해 주는 것 말고 교육적으로 어떤 도움을 줄 수 있을까, 할 수 있는 것이 없지 않을까 생각했습니다. 그런데 교직실무 수업을 들으면서 어떤 교육관을 가지고 임해야 할지도 고민하게 되었고, 학생들에게 정말 좋은 영향력을 주는 교사가 되고 싶어졌습니다. **보건교사라는 직업을 대하는 마음가짐이 달라지는 시간**이었던 것 같습니다. 교직에 대해 좀 더 진지하게 생각해 보는 계기가 되었고 안정적인 직업이라 퇴직할 때까지 교사라는 직업을 갖고 살아야 하는 줄 알았는데, 교육청의 장학사로 전직도 가능하다는 것을 알게 되었습니다. 연수도 다양하고 대학원을 가도 되니 노력만 한다면 길은 만들어 가기 나름이라는 것을 느꼈습니다. 그래서 끊임없이 노력하고 도전하는 교사가 되어야겠다고 생각했습니다.

이 수업은 원격교육이 플립러닝으로 효과적으로 이루어질 수 있음을 보여 준다. 학습할 개념과 이론, 학습량이 많은 과목의 경우에 특히 플립러닝이 적합하다. 이는 사실 상당수의 수업에 해당한다고도 볼 수 있으며, 대면 수업에서는 팀기반학습이 비슷한 효과를 가져올 수 있다. 유사한 두 모형의 효과에 대한 메타분석 연구에서는 플립러닝보다 팀기반학습이 좀 더 효과가 크게 나타났다고 밝힌 바 있다.[8] 그러나 학습준비도 평가를 완벽하게 관리하기 어려운 비대

면 수업 상황에서는 플립러닝이 적합한 수업 모형임을 경험적으로
확인할 수 있었다.

플립러닝이 학생들에게는 사전학습 자체가 부담이고, 실제로 많
은 시간과 노력을 투입하므로 실시간 수업에서 이를 감안하여 운영
하고 적절한 학습량과 과제를 부과할 필요가 있다. 플립러닝을 적
용한 필자의 다른 수업에서는 동영상 콘텐츠를 사전학습하도록 하
면서 시수를 인정해 주기도 하였다. 또한 다양한 심화·적용 과제와
활동을 발굴하여 실시간 수업 중에 적절하게 운영하고 효과적으로
피드백하는 노력, 학습 내용과 결과에 대한 개인차를 감안하고 맞
춤형 교육을 시도해 보는 노력이 더욱 필요하다.

온라인 수업에서 팀 학습 운영 사례 2: 액션러닝 적용 프로젝트 수업

2020년 2학기에 전공과목 '교육학교육론' 수업(3학점)에서 액션러 닝을 적용한 팀 학습을 운영하였다. 교육학교육론은 교육학과 3학 년 대상의 전공과목(3학점)으로 교직이수를 위한 교과교육 과목에 포함되며 필수과목이다. 교육학과 학생들은 중등 2급 정교사(교육학) 자격을 취득하게 되며 교육학 및 교육학교육에 대한 전반적인 학습을 하는 교과목이다.

전체 수업은, ① 교육학의 전반적 이해와, ② 교육학의 적용 및 심화를 목표로 하였고 팀 프로젝트 두 가지와 개별 수행 과제 한 가 지로 구성하였으며, '지역사회 연계 프로젝트'는 그중 가장 핵심이 되는 팀 프로젝트 활동이므로 6주간 운영되었다. 이 프로젝트는 19명의 수강생 중 교원임용시험을 치르는 4학년을 제외한 14명(주전공 13명, 복수전공 1명)이 참여하였다.

지역사회 연계 프로젝트는 팀 학습으로 수행하면서 교육학의 현 장 적용을 경험하도록 하였고, 이를 통해 '교육학에 대한 이해 증진' 과 '교육학을 통한 사회 기여'라는 목표를 달성하고자 하였다. 이를 위하여 액션러닝을 적용하여 수업을 설계하고 소속 대학의 지역사회 혁신 교과목을 지원받아 수업 환경을 조성하였다. 소속 대학에서 자체적으로 '지역사회 혁신 교과목'을 지원하는 사업에 신청하여 선정되었다. 이 사업으로 학교에서는 수업 중 5주 이상 지역사회 혁신 활동을 수행할 것을 요청하였고, 학생 평가는 절대평가 방식을 적용할 수 있었으며, 일정한 범위에서 외부 강사 초빙과 수업 조교 등의 지원을 받을 수 있었다.

'액션러닝'을 지역사회 연계 프로젝트에 적용하여 수업을 설계한 것은 그것이 '학습자들이 팀을 구성하여 조직과 개인의 중요한 실제 과제를 협력적으로 해결하고, 과제를 해결하는 과정에서 역량을 실질적으로 구축하는 활동'이기 때문이다. '교육학이 필요한 교육현장'과 '교육현장에 교육학 적용'은 액션러닝과 연결되었다. '현장에 답이 있다'는 믿음을 바탕으로 '실제 과제를 해결하면서 배운다'는 액션러닝의 교육적 효과는 지역사회 연계 프로젝트와 적합하게 연결되었다.

필자는 액션러닝을 적용하여 2010년부터 국외 체험학습 프로그램, 대학의 전공과목 수업, 대학의 교수자 학습모임을 운영하고 그 사례를 연구논문으로 발표한 바 있다.[9] 액션러닝은 연구 분야인 학교 변화와 교사의 전문성 개발과도 연결되고, 특히 학교 컨설팅과 전문적 학습공동체에도 적용될 수 있어서 꾸준히 학습하고 연구와 연수를 해 왔다.[10] 이러한 배경에서 지역사회 연계 수업을 액션러닝 방식으로 운영하기로 하였다.

다음과 같이 액션러닝의 주요 요소를 고려하여 팀 학습을 설계하고 단계별로 운영하였다.

〈표 4〉 액션러닝 적용 지역사회 연계 프로젝트 수업 설계

구분		내용
요소	과제/멘토	교육청과 학교에서 필요로 하는 과제 수행 교수자가 멘토(클라이언트) 섭외 및 과제 협의
	학습 팀	과제 희망을 받아 팀 구성(팀원 3~5명) 팀 빌딩, 팀 과제에 따른 활동 진행
	실행/결과물	과제에 따라 다른 형태의 실행/결과물
	러닝 코치	수업 진행, 팀 지원, 멘토와 협의, 피드백
	기대 효과	과제 해결을 통한 지식 습득, 문제해결과 협력학습 역량 제고
단계	수업 준비	교과목과 학습자 분석, 학습목표 수립, 액션러닝 적용 수업 설계
	수업 운영	멘토 섭외와 협의, 팀 학습 진행과 지원, 피드백
	수업 정리	멘토의 평가와 피드백 청취, 교수자 성찰, 결과물 평가

수업의 운영은, ① 멘토 섭외 및 과제 선정, ② 팀 구성 및 과제 협의, ③ 팀 활동 진행 및 피드백, ④ 실행 및 성찰 순으로 이루어졌다.

액션러닝 팀이 해결해야 하는 과제를 의뢰하는 인물을 액션러닝에서는 '스폰서' 또는 '클라이언트'라고 하는데, 수업에서는 '멘토'로 설정하였다. 학생들이 과제에 있어서 단순히 '의뢰받은 자'가 아니라 과제를 통해 배우고 그 과정에서 도움을 주고받을 수 있는 관계로 설정하기 위함이다.

과제를 요청하는 지역사회 기관은 학교와 교육청으로 설정하고,

평소에 친분이 있거나 업무상 관련을 맺은 인물을 접촉하여 '지금 가장 필요로 하고, 교육학과 학생들의 지식과 아이디어가 필요한 과제가 무엇인지' 협의하였다. 이에 중학교와 고등학교는 각각 자유학년제와 고교학점제 관련 주제를, 교육청과 연구소는 독서교육과 고등학생 정책제안 관련 주제에 대하여 요청하였다. 이후 교수자와 멘토가 함께 협의를 진행하여 '과제협의서'를 작성하고 과제를 확정하였다.

〈표 5〉 지역사회 연계 프로젝트의 연계 및 상황

기관/멘토	기관 현황 및 과제 배경	과제
○○중학교 (연구부장)	• 혁신학교 운영 4년차 • 자유학년제를 맞아 지역사회 체험 프로그램 운영의 필요성	자유학년제에서 활용할 수 있는 ○○구 역사문화탐방 프로그램을 개발하여 활동지 제작
○○고등학교 (교장)	• 고교학점제 연구학교 2년차 • 고교학점제에 대한 이해가 아직 부족하여 정확한 이해의 필요성	학생, 학부모, 교사, 일반인 등을 대상으로 하는 고교학점제 길라잡이 동영상과 카드뉴스 제작
○○교육청 (장학사)	• 교육청에서 개최하는 ○○미래교육박람회 원탁회의 주제로 '독서교육' 선정 • 자료 제작 준비와 대학생 의견의 필요성	원탁회의의 발표 자료 제작 및 원탁회의 토론에 참여하여 대학생 의견 개진
○○연구소 (파견교사)	• 교육청 소속 교육정책연구소 개소 2년차 • 학생 정책 모니터링단 구성 및 개별 정책제안서 작성의 질 제고 도움의 필요성	고등학생 정책 모니터링단(30명)의 정책제안서 피드백 및 토론회 참여

수업 1주차에는 프로젝트에 대한 OT와 팀 구성을 실시하였다. 팀 구성은 주제에 대하여 1~4순위를 조사한 후 2순위 이내로 팀을 배정하는 방식으로 구성하였다. 세 팀은 3인으로 구성하고 한 팀은 5인으로 구성하였는데, 각자 고등학생을 6명씩 지도하는 것을 고려하였다. 팀 구성 후 팀 빌딩을 실시하고 팀 규칙을 정하게 하였으며, 과제협의서를 배부하여 일단 자체적으로 이해하는 시간을 갖도록 하였다.

그리고 다음과 같은 프로젝트 지침을 제시하여 과제에 대한 책무성을 갖도록 하고, 이러한 프로젝트를 하는 이유에 대해 인식하도록 하였다.

지역사회 연계 프로젝트 지침

– 교육현장을 이해하고 교육학을 적용하라.

– 팀으로 협력하여 최고의 팀 결과물을 만들라.

– 모든 팀원이 적극적으로 역할을 수행하고 결과에 책임지라.

– A 대학교 교육학도의 전문성, 진정성, 책임감을 투입하라.

– A 지역 교육/멘토와 A 대/학생이 함께 win-win하라.

수업 2주차에는 멘토가 실시간 온라인 수업에 참여하여 특강 (20분)을 하고 팀 학생들과 소회의실에서 협의를 하였다. 대면 수업이 가능했다면 멘토를 수업에 모시거나 학생들을 파견하였을 것이다. 비대면 수업 상황이었기 때문이었으나 실시간으로 진행되는 온

라인 수업에 멘토들을 초빙하기가 오히려 용이하였다. 3명의 멘토가 참여하였고 1명의 멘토는 사정상 참여하지 못하였다. 이후 2명의 멘토는 팀 학생들을 소속기관에 초대하여 과제에 대한 협의를 진행하였고, 다른 2명은 전화나 이메일로 학생들과 협의를 진행하였다.

팀 학습은 수업의 안팎으로 이루어졌다. 매주 이루어지는 실시간 온라인 수업 중에 팀 활동 시간을 부여하였고 필요시 소회의실에서 교수자의 팀별 피드백이 이루어졌다. 중간 발표와 최종 발표가 이루어진 후 이에 대한 피드백이 진행되었다. 팀에 따라 오프라인 미팅을 하는 경우가 있었고(세 팀) 멘토의 현장을 방문하는 팀도 있었다(두 팀). 이 밖에도 온라인 미팅이나 단체문자 채팅 등을 통해 수시로 팀 활동이 이루어졌다. 최종 발표가 5주차에 이루어졌으나, 멘토의 결과물 점검과 피드백을 거친 후 최종 결과물을 제출하도록 하였기 때문에 실제로는 6주 정도가 소요되었고, 연구소의 경우는 자체 일정으로 7주차 정도에 팀 활동이 종료되었다.

학생들은 팀별로 최종 결과물로 과제수행일지, 과제 결과물, 과제 성찰 등을 제출하였다. 특히 과제 결과물은 멘토의 확인 후 제출하도록 하였다. 과제 결과물은 팀에 따라 달랐다(활동지, 동영상과 카드뉴스, PPT와 동영상). 특히 연구소 팀은 고등학생 정책제안서에 대한 개별 피드백이었기 때문에 '피드백 수행(멘토링)' 자체가 결과물이었고, 고등학생 정책제안서에 준하여 대학생 제안서를 개별과 팀으로 작성해 보도록 하였다.

○○구 역사문화탐방 프로그램 활동지 일부

○○교육청 독서교육정책 PPT 일부

지역사회 연계 프로젝트 결과물 예시

교수자는 종강 후 소속대학의 지역사회 혁신 교과목 운영사례 발표회에서 다음과 같은 성찰 내용을 정리하고 발표하였다. ① 비대면 상황에서 팀 프로젝트의 가능성 확인, ② 지역사회 멘토와 과제의 중요성, ③ 팀 간 과제의 난이도, 복잡성 조정, ④ 학생들의 자발성과 전문성 격려, 지원 등이다. '고생되지만 의미 있고 보람된 과제'가 관건이며 이를 위한 구체적인 운영 전략이 필요하다.

지역사회 연계 프로젝트 진행 결과, 멘토들은 프로젝트 결과에 대하여 만족스러운 반응을 보였고, 학생들은 전공과 진로(교직)에 관련된 지식을 활용하고 성찰하는 기회를 가질 수 있었다. 멘토의 현장 방문을 했던 팀도 있으나 만남과 소통의 제약은 수업의 안과 밖에서 제한점으로 작용하였다. 학생들에게 익숙하지 않은 과제는 도전적인 경험이 되었으나, 막막함과 부담감을 낮출 방안도 필요하다. 액션러닝에서 어떠한 부분을 보완하면 더욱 효과적일지 혹은 액션러닝 외에 어떠한 방법이 더 효과적일지 앞으로도 계속 보완하고 새롭게 시도해 볼 계획이다.

지역사회와 연계하는 수업은 다양한 방식으로 접근할 수 있다. 지역 인사를 초빙하여 강의를 듣는 특강형, 학생들이 탐구하는 과제형도 가능하며, 팀 프로젝트의 경우에도 과제 선정과 진행에 있어서 매우 다양하게 운영할 수 있다. 이 수업은 교수자가 멘토를 연결하는 방식의 액션러닝을 적용하여 비대면 지역사회 연계 프로젝트 수업을 실시한 사례로 참고할 수 있다.[11]

프로젝트 성찰문 (충남대 교육학과 박진호)

프로젝트 과제를 처음 접했을 때 내가 느낀 심정은 당황 그 자체가 아니었나 싶다. 우리 팀의 주제는 지역 내 고등학생 멘토링이었는데, 이들이 작성하는 교육정책 제안서를 잘 쓸 수 있도록 조언하는 역할이었다. 그간 프로젝트 수업이라 하면, 배워 왔던 것, 혹은 과목에 연관된 것을 찾아 발표하는 것이 전부였던지라 이 수업은 굉장히 낯설게 다가왔던 것 같다.

그런 마음을 안고 고등학생들과 처음 회의를 진행하였는데 생각보다 어렵지 않게 회의를 할 수 있었다. 더욱이, 내가 **대학 생활을 겪으며 배워 오고 경험한 모든 것을 활용하여 활동**해 나가는 기분이 들었다. 첫 회의 이후, 오히려 아쉬운 마음이 들어 주제와 관련하여 이것저것 자료도 참 많이 찾아보고 논문도 열심히 정리하였다. 고등학생의 눈높이에서 그러한 자료들을 풀어서 설명한다는 것이 그다지 쉬운 일은 아니었지만 그래도 잘 따라와 주는 학생들 때문인지 크게 힘들이지 않고 활동을 진행해 나갈 수 있었다.

다만, 수업과 프로젝트 모두 코로나19로 인하여 비대면으로 진행하였기 때문에 상당히 제한되는 것들도 많아 그런 면에서는 아쉬움이 있었다. 그래도 색다르고 값진 경험을 남겨 준 프로젝트 수업이었다고 생각한다.

프로젝트 성찰문 (충남대 교육학과 장은아)

지역사회 연계 프로젝트에 대한 나의 첫인상은 '잘못 걸렸다'였다. 지역사회와 관련된 그 어떤 강의도 수강해 본 적이 없었을 뿐더러, 졸업 요건 중 하나인 필수 이수 강의에서 이런 중장기 프로젝트 과제를 한다는 것 자체가 큰 부담으로 다가왔다.

하지만 다행스럽게도 내가 원하는 주제를 선정할 수 있었고 팀원들도 모두 적극적으로 과제에 임하였기 때문에 프로젝트가 시작되고 나서는 초반의 혼란스러움이 사라지는 기분이었다. 활동지 내용 구성을 위한 현장 답사를 기획하는 과정에서 서로의 개인 일정을 모두 배려하면서 한 팀원이 답사에 불참하게 되면 다른 문서 작업을 자발적으로 더 맡겠다고 하거나, 자신이 맡은 부분이 아닌데도 자료 조사에 도움을 주는 등 협력 정신을 발휘한 것이 좋은 결과물을 생산하는 요인으로 작용하였다. 또한 우리가 제작한 활동지가 다른 중학교의 자유학년제에서도 충분히 활용 가능하다는 멘토 선생님의 피드백은 **지역사회에 일정 부분 기여한다는 성취감과 보람**을 불러일으켰다.

개인적으로는 이 학기에 24학점을 수강하면서 심신이 피로함에 찌들어 있었는데, 팀원들과 현장 답사를 명분으로 여기저기를 다닌 것이 '힐링'이 되어 좋았고, 대학이 위치한 지역이 내가 성장했던 곳이 아닌데 이 지역에 대한 지식을 새롭게 습득할 수 있어 유익했다.

제4부

온라인 수업에서
팀 학습 평가하기

팀 학습에서 평가

 수업에서 평가는 매우 중요하다. 평가는 학습의 과정과 결과를 기준에 따라 판정하는 것으로, 학습목표와 성취 기준에 따라 평가의 방법과 내용을 결정하는 것이지만, 평가가 학습에 영향을 미치기도 한다. 교육의 목표-내용-방법-평가의 정합성[1]이 매우 중요하며 평가를 잘 활용하면 학습의 성과를 극대화하는 데 도움이 될 수 있다.

 평가 방식은 크게 '절대평가'와 '상대평가'로 구분할 수 있다. 학술적으로는 '준거지향평가(criterion-referenced assessment)'와 '규준지향평가(norm-oriented assessment)'라고 하는데, 두 가지 평가 방법 모두 목적과 용도 그리고 장단점이 있다.

 대학에서의 평가는 기본적으로 '교수자가 정한 기준에 의한 평가'가 되어야 한다. 그것이 절대평가든 상대평가든 상관은 없으나 문제는 한국의 대부분의 대학은 학교 차원에서 상대평가를 실시하도록 큰 틀을 만들고 있다는 점이다. 예를 들면, A학점 30%, B학점 50%, C학점 이하 20% 정도로 그 비율을 정하고 교수자로 하여금 그 범위에서 학점을 부여하도록 한다. 이것은 '학점 인플레' 현상에 대한 우려로 인해 과거 대학 평가에서 A학점이 과다한지 확인하였던 것에서 유래한 것으로 보인다.

이렇게 상대평가로 학생을 평가해야 하는 경우 팀 학습을 활발히 실시하는 수업에서는 적합하지 않은 측면이 있다. 팀 학습은 학생들의 참여가 매우 중요하며 다른 수업에 비하여 상대적으로 학생들의 많은 노력과 시간 투입을 요하는 편이다. 이것은 바람직하지는 않지만 현실적으로 학생들이 팀 학습을 기피하는 요인이기도 하다. 그런데 상대평가로 학생의 학습 성과를 판정하게 되면 변별력 측면에서 접근하게 될 경우, 학생의 참여도나 우수한 성과에 맞는 평가를 하지 못할 가능성이 발생하기도 한다. 학생들을 적극적으로 참여하도록 하는 수업 문화 조성 차원에서도 '노력한 만큼 학점을 받을 수 있다'는 인식도 중요하다.

이러한 문제의식으로 PBL과 같은 교수법을 실시하는 수업, 학습자 중심의 창의적 교수법으로 진행하는 수업 등에서 이러한 상대평가 방식의 제한을 완전히 없애거나 그 비율을 완화하는(예컨대, A학점 50% 이내, B학점 이하 50% 이상) 경우가 나타나고 있다. 이것이 학점 퍼주기가 아니라 팀 학습을 선택하고 참여한 학생들에 대한 객관적인 평가가 되어야 함은 물론이다. 대학에서도 평가에 대한 전향적인 생각을 가지고 교육적으로 바람직한 방향으로 나아갈 수 있도록 유도할 필요가 있다.

팀 학습에 대한 평가의 요소로 대표적인 팀 학습 모형 중 하나인 팀기반학습에서는 '개인 성과' '팀 성과' '팀에 대한 개인의 기여도'를 제시하였다. [2] 이것은 본격적인 팀 학습이 포함된 수업이라면 통용될 수 있는 평가 요소로 볼 수 있다.

개인 성과는 수업 전체에서 개인적인 성취와 참여를 의미하며 학습준비도 평가(사전 퀴즈), 지필평가(중간·기말 시험), 개인 과제 등을 포함한다. 팀 성과는 팀의 성과를 의미하며 팀 평가(퀴즈, 지필평가), 팀 토의 결과, 팀 수행 프로젝트 등을 포함한다. 학습준비도 평가를 개인별, 팀별로 실시할 것을 권장하는 팀기반학습에서는 팀 평가 결과도 넣을 수 있다. 팀에 대한 개인의 기여도는 주로 동료평가 방식으로 이루어지며 다음에서 자세히 살펴보도록 한다.

이러한 팀 학습의 평가 요소는 학생들에게 미리 안내하고 학생들과 함께 그 비율을 정하는 것도 좋다. 어떠한 요소가 평가에 포함되어 있는지 확실하게 인지함으로써 각 요소에 대하여 성실하게 학습하도록 하고, 비율 결정에 참여하였다는 사실만으로도 학습자의 책무성이 강화되는 순기능이 있다. 필자도 팀 학습에서 이러한 방법을 자주 활용하고 있다.

예를 들면, 세 가지 요소를 제시하고 총합을 10으로 하여 그 세부 비율을 팀에서 논의하여 정해 보라고 한다. 각 팀이 의견을 제시하면 교수자가 이를 산술적으로 평균하여 최종적으로 정할 수도 있고, 팀 의견을 반영하되 교수자의 의견을 더하여 새롭게 정할 수도 있다. 대면 수업에서는 팀 토의 후 한 사람씩 나오도록 하여 칠판에 써 놓도록 하는데, 실시간 온라인 수업에서는 소회의실에서 토의를 하게 한 후 팀별로 의견을 제시하도록 하면 된다.

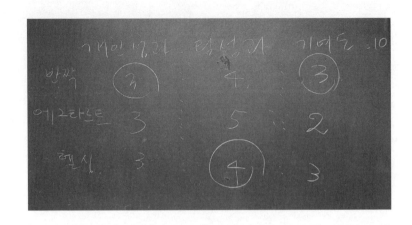

〈표 6〉 평가 비율 결정 예시

구분	개인 성과	팀 성과	기여도
A팀	3	4	3
B팀	3	5	2
C팀	3	4	3
결정	3	4	3

　평가 비율은 모든 학생의 개별적인 의견을 전체적으로 받을 수도 있을 것이다. 그러나 팀 학습 평가 요소에 대한 팀 토의 자체만으로도 이후 팀 학습 활동에 순기능으로 작용할 수 있다는 점에서 전자의 방식을 추천한다. 단, 비율 결정은 팀 학습이 일단 진행되면 개인적인 유불리가 작동하므로 팀 학습을 시작하는 단계에 정하는 것이 효과적이다.

　이렇게 팀 학습 평가 요소의 비율을 학습자와 함께 정하는 것은 교수자가 구상한 수업 운영에 혹시 차질을 주는 것은 아닐까? 그렇지는 않다. 특정 요소의 비율이 높다고 해서 그 요소가 가장 큰 결정력을 가지는 것은 아니다. 예컨대, 개인 성과와 팀 성과가 비슷하다면 가장 낮은 평가 비율을 차지하는 기여도에서 학점 차를 만들어 낼 수도 있다. 학점 판정을 어떻게 하는가는 교수자에게 달려 있다. 중요한 것은 좋은 성적을 받기 위해서는 '개인적으로나 팀으로나' 모두 잘해야 하며, 팀 학습에 '내가 기여해야 한다'는 점을 상기하는 것이다.

'교수평가'라고 하여 최근 초·중등학교에서는 '교육과정-수업-평가-기록'의 일체화, 즉 각 요소의 일관성을 중시하고 있다. 수업은 학습자 중심으로 하고 있는데, 평가는 이에 맞지 않는 방식이면 되겠는가? '학습으로서의 평가'라는 관점에 주목해야 한다. 이는 대학 차원의 학사제도 마련에도 시사점이 있으며, 개별 수업에서도 최소한 팀 학습에 부합하는 평가의 내용과 방법을 구안하고 실행할 필요가 있다.

팀 학습의 과정과 결과에 대한 평가

팀 학습의 성과는 과정과 결과 모두를 의미한다. 그러나 현실적으로는 결과 중심으로 평가가 이루어지며, 팀 학습이 수시로 혹은 여러 가지 과제로 이루어질 경우에는 모든 팀 학습 결과에 대하여 촘촘하게 평가를 하기는 어렵다. 여기서는 팀 학습에서 이루어질 수 있고 필요한 몇 가지 방법을 소개해 본다.

첫째, '교수자 평가'다. 수업에서 가장 기본적이며 필수적인 평가라고 할 수 있다. 팀 학습의 과정을 모니터링하고 좋은 결과를 위하여 과정 중 피드백하며 보고된 결과에 대해서는 정확한 평가를 해 주어야 한다.

둘째, '학생 상호 평가'다. 다른 팀의 학습 결과에 대하여 같은 학습자의 관점에서 그 우수성을 평가할 수 있다. 이 경우, 다른 팀의 결과에 대하여, ① 절대적인 점수 매기기, ② 팀 간 순위 매기기, ③ 잘한 팀 뽑기 등의 방법으로 평가하게 할 수 있다. 특히 다른 팀의 학습 결과에 대하여, ① 팀에서 상의하여 평가하기, ② 개인별로 평가하기의 방식으로도 상호 평가를 진행할 수 있다.

대면 수업에서는 팀이 함께 모여 앉아 다른 팀의 발표를 들으면서 상의하기가 용이하여 '팀에서 상의하여 평가하기'의 방식을 비교적 용이하게 진행할 수 있다. 자신의 의견뿐만 아니라 다른 학생의 의견도 함께 접할 수 있다는 점에서 시각이 풍성해질 수 있다는 장점이 있다. 또한 개인별로 평가를 할 경우에는 좀 더 책임감을 가지고 타인의 발표에 집중하고 평가할 수 있다. 실시간 온라인 수업에서는 '개인별로 평가하기'의 방식이 편리할 수 있다. 이 경우에도 교수자만 알 수 있도록 비공개로 평가할 것인지, 공개적으로 평가할 것인지 잘 판단하여 진행하도록 한다.

때로는 재미있고 도전적인 과제를 제시하는데, 팀 학습으로 '지방교육자치'나 '학교운영위원회'를 6행시 또는 7행시로 만들도록 한 후, 자신의 팀을 제외하고 각자 두 개 정도의 우수 팀을 선정하도록 하였다. 수업 시간 중에 교수자 관리하에 이루어져야 하며 혹시나 학생 간, 팀 간 '담합'이나 '점수 몰아주기'가 되지 않도록 해야 한다.

대면 수업에서는 칠판에 팀 결과를 제시하고 학생 상호 평가(별 표시)를 진행한다.
비대면 수업에서는 온라인 설문, 개인 채팅으로 결과를 수합한다.

비대면 상황에서 팀 과제나 개인 과제에 대한 학생 상호 평가를 실시할 경우, ① 모든 과제에 대하여 5점 척도로 우수성 평가하기 (평가 기준 제시) 또는 ② 가장 우수한 작품 5개 이하 선정하기의 방식으로 진행하였다. 한 가지만 하면 되고, 두 가지를 동시에 할 수도 있다. 평가 의견 전달은 네이버, 구글과 같은 온라인 설문조사, 실시간 수업에서 교수자에게 개인 채팅(DM), 교수자에게 핸드폰 문자 전송 등 비공개로 의견을 제시하도록 하였다.

1. 글쓰기 결과물 평가 (흥미와 전문성을 종합하여 평가)★
내가 속한 팀에 대한 평가도 객관적으로 해보세요(자기평가는 참고만 합니다)
정성적인 의견은 사이버캠퍼스에 덧글로 달아주세요

	매우 잘했음	잘 한 편임	보통 수준임	못한 편임	매우 못했음
교육철학	○	○	○	○	○
교육사	○	○	○	○	○
교육과정	○	○	○	○	○
교육공학	○	○	○	○	○
교육심리	○	○	○	○	○
교육상담	○	○	○	○	○
교육평가	○	○	○	○	○
교과교육	○	○	○	○	○
교육사회	○	○	○	○	○
평생교육	○	○	○	○	○
교육행정	○	○	○	○	○

1-1 이중 가장 잘썼다고 생각되는 글 3개를 쓰세요 ★
(본인 팀 제외)

학생 상호 평가의 온라인 설문 화면

셋째, '외부 평가'도 필요한 경우에는 유용한다. 특히 학생들의 프로젝트형 팀 학습의 경우에는 앞서 살펴본 바와 같이 교내외 전문가, 지역사회와 산업체 인사, 수요자(고객 등)의 시각도 평가에 포함할 수 있다. 수업의 모든 과정에 외부 평가를 실시하는 것은 어렵겠으나, 가장 중요한 결과에 대해서는 외부 평가와 피드백이 학습의 질을 높이고 객관적인 수준을 판정하는 데 도움이 될 것이다.

교육학의 경우에는 학생들의 결과를 교육대학원에 다니는 현직 교사들에게 부탁하여 평가 의견을 받아 학생들에게 전달·소개하기도 하고 직접 초빙하여 듣기도 한다. 교내 기관인 CTL의 연구원들에게 학생들이 개발한 학습지원 프로그램에 대해 평가를 받기도 한다. 실시간 온라인 수업에서는 공간적 제약이 없어서 전문가들이 현장에서 접속하여 평가나 간단한 특강을 해 주기에 용이하다.

마지막으로 '자기평가'도 유용한 학습도구임을 설명하고자 한다. 학생 상호 평가에서 자신 혹은 자신이 속한 팀에 대해 객관적인 위치를 파악할 수 있으며 또한 본격적으로 자기평가(팀 평가 포함)를 하게 하면 학습의 과정과 결과에 대한 성찰로 이어지게 된다. 자기평가는 개인의 능력이나 특성을 스스로 판단하는 학습자 중심의 평가 방법으로 체크리스트 방식, 쓰기 활동을 통한 자기평가, 기술식 방법과 척도화된 방법을 혼합한 방법 등이 있다.[3] 특정 과제나 발표에 대한 점수 부여 외에도 수업 성찰문 작성과 같은 활동도 자기평가의 일환으로 볼 수 있다.

평가는 학습의 마지막 단계에서만 이루어지는 것이 아니라 '수시 평가'의 방식으로 이루어지는 것이 학습 효과를 갖는다. 매시간 평가의 '부담'을 갖게 한다기보다는 '일상적인 평가'를 통해 팀 학습의 과정과 결과에 대해 점검하고, 더 나은 팀 학습이 되도록 평가의 피드백 기능을 강화하는 장치도 팀 학습을 촉진하는 중요한 요인이 될 것이다.

팀에 대한 기여도 평가

기여도 평가는 팀 학습의 과정과 결과에서 팀원 각자가 얼마나 기여했는가를 평가하는 것이다. 그런데 기여도 평가가 팀 학습에서 반드시 필수적인 것은 아니다. 기여도 평가가 필요하다고 생각되면 실시하고 그렇지 않다고 생각되면 실시하지 않아도 된다.

예컨대, 프로젝트형 팀 학습의 경우에 '결과물'에 대한 공동 책임을 강조한다면 결과물에 대하여 같은 점수를 부여하고 팀원의 기여도를 고려하지 않을 수 있다. 그러나 이 경우에도 기여도 평가만 하지 않을 뿐, 팀원의 기여도를 모두 높일 수 있도록 수업 분위기를 조성하고 적절한 팀 학습 지원을 해 주어야 한다. 참고로 앞서 소개한 팀 학습 수업의 운영 사례 중에서 플립러닝을 적용한 수업에서는 기여도 평가를 실시하였고, 액션러닝을 적용한 프로젝트 수업에서는 실시하지 않았다.

기여도 평가가 팀 학습에 더욱 열심히 몰입시키는 기제가 되고 교육적으로 실익이 더 많다면 실시해도 좋다. 필자는 수업 내에 토의형 팀 학습을 진행하는 경우에는 대체로 기여도 평가를 실시한다. 팀기반학습, 플립러닝 등 수업 시간 안에 팀 토의가 이루어지는 경우, 앞에서 살펴본 바와 같이 개인 성과, 팀 성과, 기여도로 평가

함을 공지하고, 그 비율도 상징적이지만 함께 정하고 팀 학습을 시작한다. 단, 기여도 평가의 구체적인 방식에 대해서는 사전에 공지하지 않도록 한다.

동료 평가로도 불리는 기여도 평가를 실시하는 방식은 여러 가지가 있을 수 있다. 학생들로부터 경험적인 사례로 팀장에게 기여도 점수 내지 순위를 매기게 하는 것, 팀에서 서로 합의하는 것 등이 있다고 들었다. 그러나 이런 방식은 교육적으로는 그다지 바람직하다고 생각하지 않는다. 모든 학생에게 기회가 있고 개인의 의견을 솔직하게 익명으로 밝힐 수 있어야 한다.

기여도 평가의 방식으로 절대평가와 상대평가를 생각해 볼 수 있다. 절대평가는 몇 가지 준거에 대하여 다른 팀원을 평가하는 방식이다. 5점 또는 4점 리커트 척도로 조사할 수 있고 세분된 준거를 제시하거나 이를 통합하여 총점만을 적시하도록 하는 것이다. 다음은 기여도 평가의 예시다. 항목당 5점 만점, 기준은 세 개를 설정하였으나 여러 기준을 종합하여 총괄적인 점수를 하나만 적게 해도 된다.

〈표 7〉 기여도 평가: 절대평가 예시

팀원 이름	기준 1	기준 2	기준 3	계
A	5	4	5	14
B	5	5	4	14
C	4	4	4	12
D	4	4	5	13
E	3	4	3	10
자기평가(참고)	5	4	5	14

이렇게 기여도 평가를 하는 방식은 가장 일반적인데 이 경우 몇 가지 문제가 있을 수 있다. 먼저, 학생에 따라 기준이 다르다는 점이다. '잘했다'는 기준이 학생마다 다를 수 있고 학생들의 평가 기준에 따라 편차가 발생할 수 있다. 또 다른 문제는 '평가 인플레' 문제다. 모두에게 5점 만점을 주면 변별력이 사라진다.

이에 상대평가 방식도 고려할 만하다. 상대평가는 나를 제외한 팀원의 수에 10점을 곱하여 총점을 산출하고 그 점수를 동점 없이 배분하는 것이다. 예컨대, 평가할 팀원이 5명이라면 '50점(평가 인원 수×10점)을 동점 없이 배분'하는 평가 방법이다. 점수를 부여하고 그렇게 평가한 이유를 함께 쓰게 한다. 이 경우에도 기여도 평가의 기준을 안내하고 이를 종합하여 점수를 매기도록 한다.

<표 8> 기여도 평가: 상대평가 예시

팀원 이름	A	B	C	D	E	계	자기평가 (참고)
기여도 점수	8	10	9	11	12	50	9
이유	서술	서술	서술	서술	서술	–	서술

이렇게 평가를 하게 할 경우, 학생들 간 기여도 차이가 거의 없는 경우에는 점수가 미세하게 나오고 차이가 큰 경우에는 5점과 15점도 나온다. 단순히 좋은 점수를 주고 마는 것이 아니라 팀원의 기여도를 평가하면서 자신의 기여도를 생각해 보는 기회가 된다. 참고로 '자기평가' 점수도 적도록 하는데 평가에 포함하지 않고 참고만 한다고 밝힌다. 10점을 평균으로 생각한다면 이보다 낮은 점수를 자신에게 준 학생도 발견된다.

기여도 평가를 할 때는 주로 마지막 시간에 시험을 보는 경우에 함께 실시한다. 시험을 보지 않는 경우에는 별도로 시험 대형으로 앉아 엄숙한 분위기에서 평가를 하게 한다. "내가 공정하게 평가해야 나도 공정하게 평가받는다."라고 말하고, "평가 결과는 알려 주지 않고 알려고도 하지 않는다."라고 농담도 하면서 시작한다. 그리고 진지한 자세로 "나는 공정하고 솔직하게 타인을 평가합니다."라는 문장을 읽게 하고 서약한 후 평가를 하게 하는데 이러한 분위기 조성도 매우 중요하다.

특히 구체적인 평가 방법에 대하여 미리 말하지 않고 평가지를 받은 후 설명하여 혹시나 모를 담합을 막도록 한다. 거듭 담합에 대하여 이야기하는 것은 학생들을 믿지 못해서가 아니다. 조금이라도 불공정한 평가가 개입되지 않을 수 있도록 교수자가 세심하게 환경을 만들자는 것이다.

비대면 수업에서는 실시간 온라인 수업 도중에 기여도 평가를 실시한다. 온라인 설문조사를 만들어 응답하게 하고 더불어 수업에 대한 종합적인 성찰도 기록해 보게 하는 것도 좋다.

팀원 기여도 평가 - 서약
"나는 팀원을 진실하고 공정하게 평가할 것을 서약합니다" - 서약할 경우 이름을 써 주세요.

팀원 기여도 평가 (본인을 제외하고 팀원이 4명인 경우 40점을 동점없이 배분하기)
1. 팀원 이름 - 기여도 점수 - 이유 2. 팀원 이름 - 기여도 점수 - 이유 …… 를 아래에 쓰세요.(본인 제외)

본인 기여도 평가 (평가에 포함되지 않으나 참고합니다)
10점 기준으로 〈본인 기여도 점수 - 이유〉를 쓰세요.

기여도 평가(상대평가)의 온라인 설문 화면

상대평가가 번거롭다면, 우리 팀의 '기여왕'을 각자 한 명 또는 두명 뽑도록 하여 교수자 개인에게 동시에 의견을 보내는 방식도 좋다. 집계하여 포상의 의미로 LMS 전체 공지로 칭찬하기도 하였다. 반대로 무임승차자를 적어 보라고 한 적은 없는데, 기여도가 저조한 학생을 찾는 것은 앞에서 소개한 상대평가 방식이 적합할 것이다.

기여도 평가 결과는 어떻게 반영하는 것이 좋을까? 교수자에 따라 다양하게 반영할 수 있다. 필자의 경우에는 기여도 평가 점수를 모두 기록하고 평균을 산출하여 전체적으로 살펴본다. 공통적으로 매우 낮은 점수로 평가된 학생이 있으면 학점의 등급을 하나 정도 낮추는 정도로 반영하고 있다. 수강생이 30명인 경우 적으면 두세 명, 많으면 대여섯 명 정도가 해당된다. 간혹 상대평가를 해야 하는 상황에서 기여도 평가 결과를 '변별력' 확보의 용도로 생각하는 교수자가 있는데 이것은 바람직하다고 보지 않는다.

팀 학습에서 기여도 평가를 실시하는 이유는 사후적인 기능(평가의 변별력 확보)보다는 사전적인 기능(팀 학습 참여도 제고)에 주안점이 있다. 그리고 동료에 대한 평가가 전체 성적에서 지나치게 큰 비중을 차지할 필요는 없다고 본다. 많은 기여를 한 팀원에 대한 격려, 자신에 대한 성찰로 팀 학습이 종료되기를 바란다.

학습 성찰

수업과 학습에 대한 성찰과 평가는 '교수자'에 대한 것 외에도 '학습자' 자신에 대한 것도 필요하다. '학습 성찰'은 학습자가 자신의 학습에 대하여 그 내용과 의미를 성찰해 보는 것이다. 성찰저널, 수업성찰문 등 글의 형태로 작성하도록 하는 것이 일반적이나, 수업에서 간단한 방식으로 성찰을 해 보게 하는 것도 가능하다.

학습 성찰은 성찰의 대상에 따라 '개인 성찰'과 '팀 성찰'로 구분할 수 있다. 개인 성찰은, ① 수업에 대한 나의 준비와 태도, ② 수업에서 배운 점과 느낀 점, ③ 앞으로 실천, 반영할 점 등에 대하여 진지하게 생각해 보고 글을 작성하게 한다. 학기 중간과 학기 말에 해 보게 할 수 있는데, 수업이 종료된 후보다는 수업 진행 중에 하는 '중간 성찰'이 실행 가능성 측면에서 효과적이다. 학생들의 부담을 고려하는 경우에도 과제형으로는 중간 성찰만 진행하는 것이 좋다.

> **학습 성찰 과제 예시(중간 성찰)**
>
> 다음 내용을 포함하여 진지하고 솔직하게 작성합니다. (1쪽)
>
> 　1. 수업에 대한 나의 준비와 태도
>
> 　2. 수업에서 배운 점과 느낀 점
>
> 　3. 앞으로 실천, 반영할 점

성찰 과제는 학생들에게 '진지하고 솔직하게 작성할 것'을 제시하고 1쪽 정도 작성하도록 하면 수업에 대한 자신의 태도를 되돌아보고, 수업에서 가장 기억에 남는 점과 앞으로 수업 안팎에서 실천할 점을 상기해 보는 기회가 될 수 있다. 학습 성찰과 함께 수업 평가를 작성케 하기도 하는데, 본인에 대한 성찰과 함께 교수자에게는 수업 개선을 위한 중요한 중간 평가 자료로 활용할 수도 있다.

간단한 개인 성찰의 방식으로는, 수업 전에 사전학습에 대한 성찰 내용을 댓글로 달게 하거나 수업 중에 오늘 가장 인상적인 것 또는 배움을 채팅으로 작성하게 하는 방식도 있다. 필자의 경우에는 실시간 온라인 수업을 시작하면서 '근황 채팅', 수업을 마치면서 '성찰 채팅'으로 진행하기도 한다. 신기한 것은 학습자의 성찰 내용은 비슷하기도 하지만 다르기도 하다. '오늘 가장 기억나는 것'에 대하여 질문하면 각자 다른 것을 말한다. 이것만 보아도 '학습자는 지식을 스스로 구성한다'고 하는 '구성주의'를 몸소 확인할 수 있다.

앞서 학생 상호 평가에 대한 방법을 소개하였는데, 온라인 설문에서 평가와 함께 다른 학생이나 팀의 발표를 보면서 배운 것, 발표와 준비에 대한 자신의 소감도 추가로 써 보게 하는 방식으로 간단한 성찰을 진행할 수 있다. 대학원 수업에서 교육의 사회적 측면에 대한 문제의식을 담은 연구계획 동영상(3분)을 각자 만들어 발표하였는데, 이에 대한 온라인 평가와 성찰 정리 화면이다.

1. 내가 뽑은 우수작 3~5개
이름과 그 이유를 적어 주세요.(예: 박수정 - 문제의식이 분명함)

2. 과제를 하면서/발표를 보면서 느낀 점
자유롭게 써 주세요.

학생 상호 평가 및 성찰의 온라인 설문 화면

팀 성찰은 앞에서도 소개한 것처럼 팀원들이 정한 팀 규칙을 성찰하면 된다. 우리 팀이 잘한 점, 개선, 보완이 필요한 점 두 가지를 돌아가면서 말하게 한다. 팀 규칙이 없다면, 오늘 우리 팀 학습의 강점과 약점에 대해 이야기해 보도록 해도 된다. 팀 성찰을 매주 할 필요는 없고 중간 성찰, 최종 성찰 정도로 진행하면 되며 팀에서 '자유롭게 말하기'(자유 대화)와 같은 시간을 주어 소통할 기회를 주어도 좋다.

앞서 소개한 지역사회 연계 프로젝트를 마무리하면서 온라인 설문으로 프로젝트 성찰과 수업에 대한 최종 성찰을 간단히 작성해 보게 하였다. 교육학교육론 수업이었기 때문에 이 수업을 통해 학습자는 자신이 교육학에 대하여 어떠한 인식을 갖게 되었는지 확인할 기회가 된다. 수업의 주제와 목표에 따라 최종적인 성찰의 주제는 달라진다.

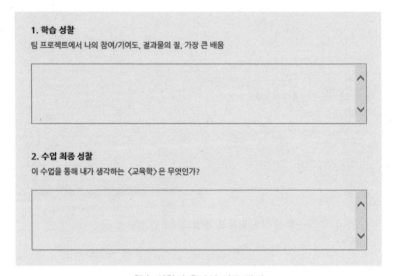

학습 성찰의 온라인 설문 화면

학습 성찰은 더 깊은 학습으로 나아가기 위한 과정이고, 학습자를 학습의 '객체'가 아닌 '주체'로서 세우고자 하는 노력이기도 하다. 학생들은 강의 평가에 익숙하나 자신이 수업에 어떻게 참여하고 있는지 평가하는 것에는 익숙하지 않다. 수업에서 자신을 '관람객'으로 생각하는 경향도 없지 않다. 수업의 '타자(他者)'가 아니라 '주인

공'으로서 학습 성찰을 통해 학습자로서의 자신을 되돌아보고, 팀 학습의 구성원으로서의 자신을 반성하는 기회를 제공한다면 대학 이후에도 학습의 과정에서 능동적인 학습자가 될 수 있을 것으로 기대한다.

🧑‍🤝‍🧑 강의 평가

　강의 평가는 수업을 마친 후 교수자가 얻을 수 있는 공식적인 피드백이다. 사실 강의 평가에 대해 불만이 있다. 강의 평가는 '수업' 평가인가, '교수' 평가인가? 강의 평가가 수업의 운영 전반에 대한 평가가 되어야 하는데 실제로는 수업을 진행하는 교수자 개인에 대한 평가로 인식되고 있는 것이 아쉽다. 현실적으로 강의 평가 결과가 교수의 업적 평가, 승진 임용에도 반영되고 있어서 교수 평가로 운영되고 있는 것이 맞는 것 같다.

　정확하게 표현하면 '강의 평가'가 아니라 '강의 만족도'라고 해야 한다. 평가(evaluation)는 전문성이 있는 평가자가 하는 것이고, 학생은 강의의 수강생으로 강의에 대한 '만족도 조사(survey)'에 응답하는 것이다. 여하튼 강의 평가가 학생들이 익명으로 수업에 대한 솔직한 평가를 할 수 있는 기회가 되는 것은 틀림없다. 대부분의 학교에서 강의 평가에 응답을 해야만 자신의 성적을 확인할 수 있도록 하고 있어서 학부생들은 대부분 강의 평가에 의견을 표시하고 있다. 강의 평가는 10개 내외의 정량적 평가와 추가적인 정성적 의견 작성이 일반적이다.

<표 9> 강의 평가 양식 예시(충남대학교)

정량평가	문항(1~5점)
1	나는 수업을 통해 해당 분야에 대한 이해가 높아졌다.
2	교수는 수업(보강)을 성실하게 관리했다.
3	교수는 수업 준비를 충실히 했다.
4	교수는 학생을 존중하고 인격적으로 대했다.
5	교수는 강의계획서에 소개된 내용을 충실히 다루었다.
6	교수와 학생 간 원활한 의사소통과 피드백이 이루어졌다.
7	교수는 강의 내용을 쉽고 명확하게 전달했다.
8	수업에 사용된 강의교재나 강의 자료가 학습에 도움이 되었다.
9	교수는 본 수업에 대한 전문성을 갖추고 있다.
10	교수는 과제와 시험을 공정하게 시행하고 평가했다.
11	나는 이 수업에 만족한다.
정성평가	-수업에 대한 소감이나 의견, 개선할 점 등을 자유롭게 적어 주십시오. -강의 중간평가 시에 제안한 사항이 본 강의에 운영되었다고 생각합니까?(1~3점)

　팀 학습으로 운영한 강의에 대한 학생들의 평가는 어떨까? 수강 단계에서 피하는 학생이 있는 것에서 알 수 있듯이 팀 학습 수업에 대한 평가 결과가 높다고 하기는 어렵다. 그러나 강의 평가는 솔직하다. '고생을 했어도 남는 것이 많다'고 생각하면 좋은 평가를, '고생을 했으나 남는 것도 없다'고 생각하면 좋지 않은 평가를 남길 것이다. '고생도 안 했고 남는 것도 없다'면 중간은 간다! 그렇다면 '고생도 안 했고 남는 것도 많다'면 가장 고수의 수업일까?!

　강의 평가에서 최근 '중간 평가'를 도입하는 대학이 늘고 있다. 최종 강의 평가보다는 간소한 문항과 강의에 대한 의견을 중심으로한 문항을 구성한다. 학생들의 중간 평가는 많은 수가 응답하지는 않지만 강의의 개선을 위한 자료로 참고하여 활용하기에 좋다. 그러나 팀 학습에 대한 부담이 크다는 반응이 있으면 교수자로서 사기가 떨어질 수밖에 없다. 그래도 전체적인 경향과 분위기를 파악하면서 수업 운영에 참고할 수 있을 것이다.

〈표 10〉 강의 중간 평가 양식 예시(충남대학교)

정량평가	문항(1~5점)
1	이 수업의 난이도는 적절한가?
2	이 수업의 내용과 방법은 해당 분야에 대한 관심과 흥미를 유발하는가?
3	이 수업을 통해 해당 분야에 대한 지식과 이해가 높아지고 있는가?
4	교수님은 열의를 갖고 이 수업에 임하는가?
5	교수님은 이 수업에서 대면 또는 비대면 방식으로 학생들과 의사소통을 효과적으로 하는가?
6	강의계획서에 따라 강의 내용, 기간, 시간을 준수하고 있는가?
정성평가	−위 응답에 대한 부연 설명이나 기타 수업에 대한 의견 및 개선할 점 등을 자유롭게 적어 주십시오. −응답을 1점(전혀 그렇지 않다)으로 평가한 항목이 있다면 사유를 적어 주십시오.

원격교육을 하게 된 이후 강의 평가 결과는 어떨까? 경험적으로 볼 때 그 이전과 비교하여 강의 평가 결과는 낮은 편이다. 완전히 동일한 수업을 하기는 어렵지만 거의 비슷하게 운영하고 더 많은 노력을 기울였음에도 불구하고 강의 만족도가 낮다는 것은 원격교육의 근본적인 한계를 보여 주기도 한다. 대면 수업을 이기는 비대면 수업은 없는 것일까? 교수자가 원격교육에 적응하기에는 아직 시간이 필요한 것인가?

필자의 경우, 팀 프로젝트 부담이 컸다는 정성 의견이 있어서 다소 의기소침했는데, 정량적 평가 결과가 평균적으로 낮은 점수는 아니어서 안도감이 들었다. 모두 그렇게 생각한 것은 아니구나! 다행이지만 그래도 부정적인 평가에 자꾸만 신경이 쓰인다. 중간에 프로젝트 부담 정도를 줄이는 조정을 했다고 생각했는데 혼자만의 생각이었을까? 학생들에게 충분히 전달되지 않았던 것일까?

강의 평가는 학생들이 교수자에게 주는 성적표다. 학생들의 눈은 정확하다. 내가 한 만큼 돌아오고, 아쉬운 성적이라면 무언가 부족했던 것이다. 수업을 개선하는 것은 교수자의 책무!

🐜 수업 연구

　강의 평가 결과를 수업 연구에 반영한다면 훌륭한 교수자다. 많은 대학에서 강의 평가에 대하여 교수자의 'CQI(Continuous Quality Improvement)'를 작성하도록 하고 있는데 이것은 공학교육인증제도에서부터 출발하였다. 교육학 분야에서 출발한 용어나 개념이 아니어서 번역하기가 용이하지는 않은데 영어 그대로 CQI라고 부르고 있으며 굳이 번역하자면 계속적인 질 관리/개선 정도라고 하겠다.

　이것이 의무화되는 순간 형식적인 문서 작성이 될 수도 있으나, 수강생들의 강의 평가 결과를 살펴보면서 자신의 교수법을 성찰하는 기회로 삼는 순기능도 있다. 필자의 대학 또한 CQI를 작성하는 것이 거의 필수에 가까워 중간과 기말에 한 번씩 모든 수업의 강의 평가를 확인하고 CQI를 작성한다. 억울하기도 하고 흐뭇하기도 하지만 학생들의 눈은 정확하다. 노력한 점을 알아봐 주면 기쁘면서도 그다음 단계로 나아갈 점을 찾아보고, 부족한 점을 지적하면 왜 잘 안되었나 곰곰이 생각해 보고 개선할 방법들도 찾아보게 된다.

학생의 강의 평가 및 개선 사항 요약(강의 중간평가 및 강의 기말평가분 – 해당 과목의 서술형 강의 평가 내용이 있으면 기본적으로 보여 줍니다.
강의에 대한 교수 평가
이전 강좌 대비 개선점   이전 CQI 보고서 보기
종합적 강의 개선 방안

강의 평가 CQI 양식 예시(충남대학교)

　수업에 대한 성찰을 포함하여 '교수 포트폴리오(teaching portfolio)' 를 작성하는 것을 대학 차원에서 권장하거나 필수로 하는 경우도 있다. 이것은 교육의 과정과 그 부산물, 이 과정에서의 교사의 성찰 내용을 모은 것으로 책자나 파일 형태 또는 e-포트폴리오 형태도 가능하다. 자신의 교육철학 또는 교육관, 수업의 방향과 구상, 강의 계획과 수업 자료, 학생들의 과제와 자신의 피드백 등을 작성하면서 교수자를 성찰하는 것이다. 여기에 꼭 포함할 것은 수업을 통해서 앞으로의 수업 개선에 반영할 것, 준비할 것 등이다.

　가장 중요한 것은 교육철학과 수업 성찰이며 여기에 포함될 수 있는 내용은 다음과 같다.[4]

1. 교육철학

- 학생관, 학습관, 교육을 통해 기르려는 인간의 특성, 교과목의 역할과 목표, 목표에 적절한 교육방법, 학습 과제의 정당성, 교육목표 달성 여부를 평가할 방법, 필요한 학습 환경 등

2. 수업 성찰

- 교육철학이 수업 과정에서 실현된 정도와 장애물, 개선 과정과 결과, 개선할 점 평가 등

3. 기타

- 수업계획서, 교수학습자료, 과제와 피드백, 평가도구 등

갑작스럽게 닥쳐온 원격교육 환경에서 동영상 콘텐츠를 어떻게 제작하는 것이 좋을지 실시간 수업은 어떻게 운영하는 것이 좋을지 새롭게 배워야 할 것이 많아졌다. 기술적인 부분도 익혀야 하고 원격교육에서 효과적인 교수학습 설계와 운영 방법도 필요하다.

대학마다 교수법 특강과 워크숍을 운영하고 있는데, 최근에는 비대면 방식으로 동영상 콘텐츠 방식도 있고 실시간 온라인 특강을 진행하기도 한다. 필자도 실시간 특강을 통해 중요한 수업 운영 정보를 얻었고(구글 문서에서 함께 글쓰기), 강사로 초빙된 실시간 특강에서 이를 활용하기도 하였다. 다양한 학습 기회에 참여하고, 한 가지라도 활용할 수 있는 정보를 얻어 간다면 귀한 시간을 할애할 가치가 있을 것이다.

개인적인 수업 연구는 독서, 온라인 자료 검색, 유튜브 청취, 교수법 특강 시청 등 다양하게 이루어질 수 있으며, 또 하나 권장하고 싶은 것은 '협력적인 수업 연구'다. 사실 어떤 동영상 제작 도구가 좋은지 실시간 수업 플랫폼은 어떤 것이 좋은지 등은 동료 교수자를 통해 정보를 입수하는 경우가 많다. 대학마다 교수자 학습모임을 지원해 주고 있는데, 필요한 주제에 대하여 실질적인 연구와 실행을 함께 진행하는 교수자 학습모임을 운영해 볼 것을 권한다.

대학에서 지원하는 사업을 신청하여 사범대학에 함께 임용된 동료 교수들과 함께 액션러닝 방식으로 교수자 학습모임을 운영한 경험이 있다.[5] 교수법과 관련된 자신의 고민을 가져오는 오픈 프로젝트 방식이었고, 필자는 러닝코치 역할을 맡아 모임을 진행하였다. 서로의 문제해결과 실천에 도움을 주면서 진행하였다. 친교 모임이나 '문서상' 작업이 아니고 교육과 관련된 고민을 '제대로' 나눴던 경험이기도 하다.

1차 미팅	활동	2차 미팅	활동	3차 미팅	활동	4차 미팅	활동	5차 미팅	활동	6차 미팅
오리엔테이션 액션러닝 준비	→ 과제 연구	과제 설정 및 명확화	→ 과제 연구	과제 관련 현상 및 원인 분석	→ 과제 연구	과제의 대안 탐색	→ 과제 연구	과제의 대안 선택 실행 계획 수립	→ 실행	실행에 대한 평가 및 성찰

액션러닝을 적용한 교수자 학습모임의 운영 절차 예시

자발적인 수업 연구 모임도 좋다. 교사들은 서로 수업에서 '비판적인 친구(critical friend)'가 되어 줄 필요가 있고, 교사들이 함께 수업과 교육과정에 대해 협의하고 나아가 학교 변화까지 목표로 하는 '전문적 학습공동체(professional learning community)'가 중시되고 있다.[6] 수업과 학생들, 평가와 교육과정에 대해 대화하면서 정보와 의견을 나누고, 더 좋은 방향을 함께 고민하고 실천한다면 그것이 바로 전문적 학습공동체다.

교수자라면 반드시 읽기를 권하는 책인『가르칠 수 있는 용기』를 저술한 파커 파머(Parker J. Palmer)는 가르치는 자의 정체성을 세우는 과정으로 '공동체'를 주목하였다.[7] 공동체 속에서 배우라. 닫힌 문을 열고 동료 교수자들과 함께하는 대화는 고독한 수업을 홀로 이끌어가는 교수자를 분명 도울 것이다. 오래전 연구실이 같은 층에 있었던 인연으로 다른 학과의 선배 교수가 주관한 독서모임에 참여했던 적이 있다. 그 만남이 기억나는 것은 외로운 연구실을 벗어나 '함께하고 나누었다'는 점이다.

파머가 제시한 공동체의 세 가지 요소를 옮겨 본다.[8]

> **1. 화제**
> – 교수자로 하여금 기술(technique)을 넘어서서 좋은 가르침의
>   근본적인 문제와 대면하게 한다.
>
> **2. 기본 규칙**
> – 이것이 있어야 대화 중에 상대방에게 상처 주는 일을 하지
>   않고, 매우 깊은 대화를 나눌 수 있게 된다.
>
> **3. 지도자**
> – 동료 간의 대화를 추진하고 권유하는 사람이 필요하다.

많은 교수자는 각자의 방식으로 수업 연구를 하고 수업 성찰을 진행하고 있다. 간단한 메모도 좋고 수업일지 기록도 좋다. 교수자는 교수 행위 중에 성찰하고 교수 행위 후에도 성찰하는 존재다. 수업이 잘 안되었다고 생각되는 날은 저녁까지도 찜찜한 마음이 남기도 한다. 그때 이렇게 했으면 어땠을까, 더 좋은 방법은 없었을까, 다음에는 이렇게 해 볼까……. 이러한 아쉬운 경험 그리고 경험에 대한 성찰이 더 좋은 수업의 밑거름이 될 것은 분명하다.

좋은 수업을 위해 필요한 지원

　수업의 1차적인 책임은 교수자에게 있지만, 좋은 수업은 교수자 한 사람에게만 맡겨질 일이 아니다. 대학 차원의 교육과정, 학사제도, 교수지원(teaching assistance) 제도가 모두 관여되고, 교육시설과 환경도 영향을 미친다. 또한 대학에 대한 중앙과 지방 정부의 관련 정책과 지원도 필요하며 산업체와 지역사회의 관심과 연계도 필요하다.

　대학의 교수자는 대부분 해당 전공의 전문연구자이거나 해당 분야의 실무전문가이다. '교육'을 전문적으로 공부한 기회가 많지 않고 대학에서 교육과정, 교수법, 평가를 접하게 된다. 학생으로서 경험했던 교육을 반대로 교수자의 입장에서 대입해 보고 시행착오를 겪으면서 성장한다. 어떤 교수자는 교육에 관심과 사명감을 가지고 여러 시도를 하거나 관련 연구도 하지만, 전통적인 수업에 머무르거나 바람직하지 못한 교육을 하고 있을 수도 있다. 이것은 교수자 본인의 선택일 수도 있지만 고민하는 데도 방법을 찾지 못하는 경우라면 지원이 필요하다.

교육을 개인 교수자의 적성이나 관심에만 맡기는 것은 옳지 않다. 대학 차원에서 전임교수나 시간강사 모두에게 교육과 수업에 대한 이해, 교육과정, 교수법, 평가 그리고 온라인 수업에 대해서도 일정한 교육과 가이드라인을 제공해야 한다. 비대면 수업의 방식을 전적으로 교수자의 자율에 맡기는 학교가 있으나, 100% 동영상 강의만 제공하거나 실시간 수업을 동영상 강의처럼 하는 경우는 결코 바람직하지 않다. 원격교육이 효과적인 교육이 될 수 있도록 학교 차원에서 일정한 방침을 정하고 이를 교수자와 학습자 모두에게 이해시키고 적절한 교육을 제공하는 것도 필요하다.

교수자에게 가장 필요한 도움 중 하나는 교육 조교의 지원이다. 많은 수의 학생을 가르치거나 팀 학습을 원활히 운영하고 개별적인 피드백을 주고자 할 때, 기자재나 장비의 작동이 필요할 때 조교가 필요하다. 그러나 일부 실험실습 교과를 제외하면 조교가 배당되는 경우는 많지 않다. 온라인 수업의 경우도 마찬가지다. 그러나 동영상 강의를 촬영·편집할 때 약간의 기술적인 지원이 있다면 비교적 품질이 좋은 동영상 강의를 수월하게 제작할 수 있을 것이다. 실시간 온라인 수업도 마찬가지다. 화상강의 시스템에서 소회의실 기능이 있다는 것 자체를 접하지 못했거나 알지 못한 교수자도 있다. 각자 방법과 기능을 찾아볼 수도 있지만, 필요한 사항에 대하여 전문적인 도움을 줄 수 있는 조교 또는 학교의 지원이 있으면 도움이 될 것이다.

실시간 온라인 수업을 위한 화상강의 시스템에 대해서도 지원이 필요하다. 필자는 대학에서 줌 라이센스를 제공하여 시간제한 없이 수업을 운영할 수 있었다. 그러나 개인적으로 라이센스를 구입하여 사용하는 경우도 많고 앞으로 비용 부담 증가와 정보 유출에 대한 우려도 제기된다. 또한 화상강의 시스템의 활용 방법에 대한 전문적인 지원이 필요하며, 기술적인 측면 외에도 이러한 시스템을 수업에서 운영할 때 효과적인 교수법과 평가 등 교육적 활용에 대해서도 전문적인 학습 기회가 필요하다.

'인터넷 강의'의 줄임말이 '인강'이지만, 이를 '인내심이 필요한 강의'라는 자조적인 말을 들었다. 주로 학교 밖에서 그동안 접해 왔던 인강은 시험을 대비하는 '족집게 과외' 같은 강의가 많았고, 강사의 강의기술이든 학습자의 수험동기든 수강생의 집중력을 높이는 수업이 많고, 보조적인 편집을 거친 화려한 영상이 대부분이었다. 대면 수업을 기본으로 하는 대학의 인강, 즉 대학의 개별 교수자가 제공하는 동영상 콘텐츠는 그에 비교할 수 없다. 실시간 온라인 수업 또한 처음이다. 처음부터 잘하기는 어렵다. 그렇지만 매시간 수업을 당면한 과제이고 그 시간은 다시 오지 않는다. 교수자는 노력하고 대학은 최대한 지원해야 한다.

대학에서 제공하는 교수지원 프로그램이 좀 더 적극적이고 창의적일 필요가 있다. 대학마다 설치된 교수학습센터(CTL)에서 교수지원, 학습지원 프로그램이 운영되고 있다. 대표적인 교수지원은 교수법 특강, 세미나, 워크숍이며, 원격교육 강화에 따라 이러한 특강이 대면, 동영상, 실시간 방식으로 제공될 수 있다. 시급한 것은 기술적인 측면이지만 근본적으로는 원격교육에 적합한 교수학습 모델, 운영 방안이 필요하다. 동영상과 실시간을 결합한 플립러닝 방식의 특강도 바람직하고 실시간 특강에서 소회의실을 경험하는 참여형 방식도 효과적이다. 특히 '학습자 관점'에서 학생들의 이야기와 요구를 접할 수 있고 교수자의 성찰과 실행을 이끌어 내는 교수 지원도 고려해 보기를 바란다. 최근 수업 컨설팅을 할 기회가 있었다. 아주 작은 정보나 사고의 전환이 크게 도움이 되었다는 반응이었다. 전문가나 동료 교수자와의 대화가 수업의 변화를 가져올 것이다.

특히 교육의 틀을 형성하는 신임교수 시기가 중요하다. 교육에 대한 철학을 세우고 도전적이면서도 효과적인 수업을 만들어 갈 수 있도록 교육기회가 제공되고, 어느 정도는 필수로 이루어질 필요도 있다. 특히 일방적인 강의 방식보다는 수업에 대한 사례 공유(성공 사례, 실패 사례, 도전 사례 등), 동료 교수자 간 컨설팅, 전문적인 컨설팅 등 다양한 방식으로 성찰과 실행을 도와야 하며, 이러한 참여형 방식은 교수자 본인의 수업을 참여형으로 진행하는 아이디어로 전환될 것이다.

교육이란?	수업이란?
교수자란?	학생이란?

내 생각을 정리해 보면서 교육관을 정립하는 기회가 중요하다.

대학의 학생 충원이 점점 어려워지고 있다. 대학 정원이 이미 팽창한 상황에서 학령 인구가 급감하는 추세는 해결점을 찾기 어렵게 하고 있다. 이런 상황에서 학생 충원이 급선무이지 수업을 걱정하는 것은 배부른 소리라는 자조적인 목소리도 있다. 그러나 기본은 수업이다. 수업과 교육의 질이 대학의 경쟁력을 좌우할 수 있다. 최소한 학생이 있는 한 교육은 가장 중요한 것이며 학교의 책무다.

온라인 수업은 불가피한 선택이었지만, 선택이 자유로운 상황에서는 교수자가 사용할 '무기'가 다양해졌다고 볼 수 있다. 필요하다면 온라인 수업도 활용할 수 있게 된 것이다. 교수자가 필요하다고 판단하는 상황에서는 자유자재로 온라인 수업의 강점을 취하고 운영할 수 있는 역량을 갖게 된 점은 대단한 진전이다. 비대면 상황이 낳은 새로운 경험은 모든 분야에 활용되는 자산이 되었다. 앞으로 회의나 평가, 공동연구에도 온라인을 통한 만남이 활발하게 사용될 것이다. 시공간을 초월한 교육과 온라인 수업에서의 팀 학습은 협력의 강화 그리고 교육성과의 창출에 분명 기여할 것이다.

에필로그:
온라인, 오프라인 모두 고민은 '좋은 수업'

책에서 마지막 글에 해당하는 에필로그를 읽는다는 것은 대단한 일이다. 무엇보다 독자의 성실함과 지구력에 감탄하고 책의 가치를 인정받은 느낌이 들게 해 주어 감사하다. 이 글을 읽는 독자에 다시 한번 고마움을 전하며 개인적인 이야기로 '책을 통한 대화'를 마무리하고자 한다.

이 책의 출발은 2020년 2학기 수업을 진행하던 학기말, 온라인 수업에 대한 책을 몇 권 구입하여 독서를 하고 있던 때였다. 줌에 어느 정도 익숙해지니 할 만하다는 생각도 들었다. 그러나 언제까지 이렇게 컴퓨터만 들여다보면서 혼자 외쳐야 하나, 제대로 잘하고 있는 걸까, 왜 이리 피곤한가……. 피로감과 회의감이 들기도 했다. 대학의 교수법 특강을 줌으로 실시간 진행하며 '소회의실'에서 팀 빌딩을 진행하고 팀 토의도 진행하면서 뜨거운 반응도 얻었다. 그러면서도 아직 소회의실 기능을 경험하지 못한 교수자들이 많다는 점을 확인하면서 안타까운 마음이 들었다. 실시간 온라인 수업을 하면서도 상호작용이나 팀 학습은 거의 없이 '직접교수법'으로 채우는 것 외에는 떠올리기 어려웠을 수 있다. 간단한 것이라도 필요하다면 알려 주고 싶다는 생각을 했다. 공부가 더 필요했다.

그러다 어느 책에서 '큰 영감'을 받았다. 책의 내용보다는 책의 저자로부터 받은 일종의 '충격'이었다. 그 저자는 몇 년 전 유럽의 한 국가에 이주하여 영어로 수업하는 교수였고, 세 살, 다섯 살, 일곱 살의 아들을 키우는 엄마였다. 이국에서 어린 세 아이를 키우며 대학 수업을 하는 교수가 자신의 전공도 아닌 원격교육에 대한 책을 이렇게 빠르게 출간하다니……. 부족한 시간을 쪼개어 오롯이 글쓰기에 집중했을 것이다. 나에게 도움을 주는 책들을 보면서 나도 글쓰기에 온전히 시간을 써 봐야겠다는 생각이 들었다.

지금까지 학술논문과 연구보고서 작성은 직업적인 일이고 익숙하나 가장 어려운 일은 '책 쓰기'라고 생각해 왔고 쉽게 도전하기 어려웠다. 그러나 코로나19 바이러스의 확산이 가져온 재택근무와 물리적 이동 제한이라는 상황에서 시간을 내어 책을 써 보기로 결심하였다. 외국에도 못 가는 상황, 아니 근처 식당에도 편히 못 가는 현실이니……. 그래서 가르치는 사람이라면 누구나 이해하고 적용할 수 있도록 써 보기로 했다. 사실 논문 쓰기보다 어려운 일이었다.

2021년 1월에는 필자가 근무하는 대학의 교육대학원 계절학기 수업이 있었다. 물론 비대면 수업 방식으로 진행해야 했고 매일 수업이라는 강행군이었다. 한 과목은 실시간 온라인 수업으로 플립러닝을 적용하여 수업을 운영하였고, 또 다른 과목은 50:50으로 동영상 콘텐츠와 실시간 온라인 수업을 구성하여 운영하였다. 두 수업 모두 줌의 소회의실을 이용하여 팀 학습을 운영하였다. 예비교사와 현직교사를 학습자로 만났고, 이러한 수업 과정을 통해서 온라인 수업에서의 팀 학습에 대한 경험적 사례를 좀 더 수집하고 책에도 포함할 수 있었다.

'쓰고 또 쓰라.' 이렇게 원칙을 세우고 '온라인 수업에서의 팀 학습'을 주제로 일단 글쓰기를 시작했다. 2015년부터 본격적으로 교수법과 팀 학습에 대한 대학 교수자 대상의 특강을 해 왔다. 교수법 특강에서 다루었던 내용과 이야기 그리고 수업 사례와 수업에 대해 연구한 논문들을 책에 포함시켰다. 사실 오래전부터 '대학 수업에서의 팀 학습'에 대한 책을 쓰고 싶다는 생각은 했었다. 그러나 수업과 팀 학습이 전문적인 전공 분야가 아니기도 하고 다른 일에 우선순위가 밀리다 보니 책을 쓸 엄두가 나지 않았다. 물리적인 이동이 어려워진 상황이 오히려 책을 쓸 시간을 만들어 주었고, 책의 주제는 '지금 이 순간' 가장 필요한 것으로 정해졌다.

수업에서 팀 학습을 갑자기 시도하게 된 것이 아니다. 돌이켜 보면 중학교 역사 교사 4년차부터 본격적으로 시도한 모둠학습에서 시작하였고, 대학에서도 10년 넘게 이런저런 방법을 시도하고 있다. 2020년 불가피하게 원격교육 상황을 맞닥뜨렸을 때, 결국 대면 수업에서 고민하고 시도했던 것을 시공간만 달리하여 비대면 수업에서도 적용하고 있음을 발견하게 된다.

원격교육의 만족도와 효과성이 낮다면 대학과 교수자들에게 '원격교육의 경험과 역량'이 아직 부족하기 때문이다. '좋은 수업에 대한 고민과 노력'이 많은 교수자라면 결국 원격교육도 잘해 낼 수 있을 것이다. 또한 학교와 교사가 '존재하는 이유(raison d'être)'를 다시금 생각해 보게 한다. 교수자가 학습자를 만나지 못하고 학습자가 서로 만나지 못하는 상황에서 학교와 교사는 무엇을 해야 할까? 교육의 의미와 방법에 대한 근본적인 성찰, 새로운 시대에 대한 적응과 변화가 필요한 때다.

2020년 모두에게 다가온 어려운 상황은 종식될 것이다. 그동안 대면과 비대면 수업에 대한 이해가 진전되고 명확해졌다. 온라인이든 오프라인이든 좋은 수업, 좋은 교육에 대한 고민과 시도는 계속될 것이며, 지금의 경험 또한 큰 자산이 될 것이라고 믿는다. 이제 일상적인 수업에서도 필요하다면 자유자재로 온라인 수업 방식을 활용할 수 있게 될 것이다. 그것은 당연히 '팀 학습'을 포함하는 수업일 것이며 학습자의 성장에 기여하는 교수자의 보람을 소망한다.

∷ 후주(참고문헌)

〈1부〉 온라인 수업에도 팀 학습이 필요하다.

1 박상준(2020). 코로나 이후 미래교육. 서울: 교육과학사.

2 이선숙(2005). 교과별 교사모임을 통한 교사의 전문성 개발에 관한 연구: 전국역사교사모임을 중심으로. 서울대학교 대학원 석사학위논문. p. 67.

3 장경원, 박수정(2011). 액션러닝을 활용한 체험학습 프로그램 사례연구. 열린교육연구. 19(2), 99-120.

4 박수정(2012). 액션러닝을 적용한 교육행정학 강의에 대한 형성적 연구. 한국교원교육연구. 29(4), 389-416.

5 Michaelsen, L. K., Knight, A. B., & Fink, L. D. (2004). *Team-based learning: A transformativeuse of small groups*. 이영민, 전도근 역(2009). 팀기반학습. 서울: 학지사.

6 박수정(2014). 팀 기반 학습(Team-based Learning)을 적용한 '교육행정 및 교육경영' 강의의 설계·운영과정 및 평가 분석. 교육행정학연구, 32(4), 51-78.

7 박수정(2011). 학교컨설팅과 교육청의 만남: 가능성과 한계. 한국교원교육연구, 28(3), 307-331.

8 이유미(2015). 대학생 팀 프로젝트 수행에서 나타나는 갈등 관리와 인식에 대한 연구. 인문과학연구. 47, 595-612.

최윤미(2010). 대학에서의 팀 학습 활동에 대한 학습자의 평가. 교육방법연구, 22(4), 143-163.

9   이혜진, 안문상, 이진구(2018). 대학수업에서 팀 기반 학습과 플립러닝에 관한 메타분석. 학습자중심교과교육연구. 18(21), 1253-1280.

10 이은숙, 박양주(2019). 플립드러닝에 관한 국내 연구의 일반 현황 및 주제 분석. 한국콘텐츠학회논문지. 19(5), 74-81.

11 Johnson, D. W., & Johnson, R. T. (1999). Making cooperative learning work. *Theory Into Practice, 38*(2), 67-73.

12 박수정, 박상완, 이현정, 박정우, 김경은(2020). 교사 역량 측정 도구 개발: 4C 역량을 중심으로. 한국교원교육연구. 37(2), 167-192.

13 Partnership for 21st Century Learning. (2007). *Framework for 21st century learning.*

14 New Pedagogies for Deep Learning. (2016). *NPDL Global report* (1st ed.). Ontario, Canada. Fullan, M., McEachen, J., Quinn, J. retrieved from http://npdl.global/wp-content/uploads/2016/12/npdl-global-report-2016.pdf

15 한국교육개발원(2020). 교원양성기관에서의 창의력과 비판적 사고력: 수업사례 및 교수학습지원을 중심으로. 한국교육개발원 연구보고, RR 2020-13.

16 성지훈(2017). 대학 교양과목에서의 집단탐구 수행 과정 및 인식. 열린교육연구. 25(4), 243-268.

17 김영순, 최희(2018). 교양수업에 참여한 대학생의 협동학습 경험에 관한 연구. 열린교육연구. 26(1), 145-164.

18 성지훈(2017). 대학 교양과목에서의 집단탐구 수행 과정 및 인식. 열린교육연구, 25(4), 243-268.

19 한희정, 이의용(2015). 대학생의 조별과제 경험: 매너리즘과 변화의 필요성. 사회과학연구, 31(4), 121-149.

20 장경원(2019a). 학술자료 활용 프로젝트학습 설계 모형 개발. 교육문화연구, 25(1), 103-128.

장경원(2019b). 문제중심학습에서 학습자들의 학습경험과 어려움 탐색. 역량개발학습연구, 14(1), 109-138.

Michaelsen, L. K., Knight, A. B., & Fink, L. D. (2004). *Team-based learning: A transformative use of small groups*. 이영민, 전도근 역(2009). 팀기반학습. 서울: 학지사.

홍창남, 김경희, 김정현, 김효정, 박수정, 신철균, 이기성, 이재덕, 정수현, 진동섭, 한은정, 허은정(2015). 학교 컨설턴트 가이드북. 한국학교컨설팅연구회 편. 서울: 학지사.

21 박수정(2015). 스마트폰 영화제작 교육방법의 대학 강의 적용 사례와 성과 분석. 학습자중심교과교육연구, 15(7), 403-421.

1 Horn, M. B., & Staker, H. (2015). *Blended: Using disruptive innovation to improve schools.* 장혁, 백영경 역(2017). 블렌디드. 서울: 에듀니티.

2 방인자(2020). 대학 교수자의 온라인 수업 운영 경험에 대한 내러티브. 내러티브와 교육연구, 8(2), 203-232.

3 강원일보(2020. 7. 24.) 강원대 전국 최초 2학기 실시간 쌍방향 원격수업 의무화. http://www.kwnews.co.kr/nview.asp?aid=220072300142

4 Bergmann, J., & Sams, A. (2012). *Flip your classroom: Reach every student in every class every day.* Washington, DC: International Society for Technology in Education.

5 Bergmann, J., & Sams, A. (2014). *Flipped learning: Gateway to student engagement.* 정찬필, 임선희 역(2015). 거꾸로 교실: 진짜 배움으로 가는 길. 서울: 에듀니티.

6 이은숙, 박양주(2019). 플립드러닝에 관한 국내 연구의 일반 현황 및 주제 분석. 한국콘텐츠학회논문지, 19(5), 74-81.

7 미래교실네트워크(2015). 거꾸로교실 프로젝트. 서울: 에듀니티.

8 송성민(2019). 플립러닝(Flipped Learning)은 대안이 될 수 있을까?: 본질에 입각한 비판적 고찰. 학습자중심교과교육연구, 19(6), 1387-1410.

9 박상준(2016). 거꾸로 교실을 넘어 거꾸로 학습으로. 경기: 교육과학사.

10 송해성, 서숙영(2016). 프로젝트형 거꾸로 교실이 예비 영어교사들의 정의적 태도 및 메타인지 학습전략에 미치는 효과. 영어어문교육, 22(2), 167-192.

이지은, 김민성, 김유경, 김규은(2019). 플립드러닝과 팀기반 학습을 통합한 대학수업에서 사전학습과 팀활동 참여와의 관계. 교육공학연구, 35(3), 755-785.

11 배명훈, 채창목, 김영식(2017). 직소(Jigsaw) 모형을 활용한 체육과 거꾸로 교실(Flipped classroom) 적용 사례 연구. 학습자중심교과교육연구, 17(9), 223-245.

이애리(2018). 플립드러닝과 하브루타 학습법에 기반한 학습자 중심의 코딩 수업 설계 및 적용. 디지털산업정보학회지, 14(2), 69-78.

12 Bergmann, J., & Sams, A. (2012). *Flip your classroom: Reach every student in every class every day.* Washington, DC: International Society for Technology in Education.

13 장경원(2017). 플립드 러닝의 교실 수업 학습 활동에 대한 사례 연구. 학습자중심교과교육연구, 17(22), 377-406.

14 이재경, 전미강(2018). 플립러닝 적용을 위한 수업 설계 및 운영 전략 연구: 대학의 문제풀이형 수학 강좌 사례를 중심으로. 학습자중심교과교육연구, 18(4), 571-599.

15 최정빈(2018). 플립드러닝 교수설계와 수업전략. 경기: 성안당.

16 조보람, 이정민(2018). 플립러닝 설계요인에 대한 메타분석. 교원교육, 34(2), 1-21.

17 서미옥(2016). 플립드 러닝의 효과성에 대한 메타분석. 교육공학연구, 32(4), 707-742.

18 조보람, 이정민(2018). 플립러닝 설계요인에 대한 메타분석. 교원교육, 34(2), 1-21.

19 Bergmann, J., & Sams, A. (2014). *Flipped learning: Gateway*

to student engagement. 정찬필, 임선희 역(2015). 거꾸로 교실: 진짜 배움으로 가는 길. 서울: 에듀니티.

20 송성민(2019). 플립러닝(Flipped Learning)은 대안이 될 수 있을까?: 본질에 입각한 비판적 고찰. 학습자중심교과교육연구, 19(6), 1387-1410.

21 Bergmann, J., & Sams, A. (2014). *Flipped learning: Gateway to student engagement*. 정찬필, 임선희 역(2015). 거꾸로 교실: 진짜 배움으로 가는 길. 서울: 에듀니티.

22 이순덕, 전희정(2019). 활동이론 관점에서 플립러닝 수업활동 분석. 한국산학기술학회논문지, 20(12), 780-788.

23 윤순경(2019). 내가 달라져야 세상과 교육이 변한다 –사회문화적 관점의 렌즈–. 경기: 교육과학사.

24 Bergmann, J., & Sams, A. (2014). *Flipped learning: Gateway to student engagement*. 정찬필, 임선희 역(2015). 거꾸로 교실: 진짜 배움으로 가는 길. 서울: 에듀니티.

25 이민경, 성민경, 정주영, 김순미, 김재현, 안현효, 박호관, Patrick Travers, 변상출, 배도용, 이규환, 김수철, 차정호, 김은정, 김강연, 이행자, 김선연, 김창숙(2016). 플립러닝: 이해와 실제. 경기: 교육과학사.

26 박정(2017). 학습을 위한 평가(AFL) 실제에 대한 교사와 학생의 인식 차이 분석. 학습자중심교과교육연구, 17(2), 409-428.

1 Michaelsen, L. K., Knight, A. B., & Fink, L. D. (2004). *Team-based learning: A transformative use of small groups*. 이영민, 전도근 역(2009). 팀기반학습. 서울: 학지사.

2 Michaelsen, L. K., Knight, A. B., & Fink, L. D. (2004). *Team-based learning: A transformative use of small groups*. 이영민, 전도근 역(2009). 팀기반학습. 서울: 학지사.

3 성지훈(2017). 대학 교양과목에서의 집단탐구 수행 과정 및 인식. 열린교육연구, 25(4), 243-268.

4 김차명(2018). 참쌤의 비주얼씽킹 끝판왕. 서울: 에듀니티.

5 박수정, 한은정(2021). 「교사론」 수업 과정에서 나타난 대학생들의 교직에 대한 인식 분석. 학습자중심교과교육연구, 21(4), 1505-1525.

6 장경원(2020). 비대면 원격교육 상황에서의 프로젝트학습 사례연구: 학습자들의 학습경험을 중심으로. 교육공학연구, 36, 775-804.

7 마지순, 안라리(2016). 예비유아교사의 협동학습에서의 갈등경험 의미 탐색. 한국산학기술학회논문지, 17(6), 45-52.

8 이혜진, 안문상, 이진구(2018). 대학수업에서 팀 기반 학습과 플립러닝에 관한 메타분석. 학습자중심교과교육연구, 18(21), 1253-1280.

9 장경원, 박수정(2011). 액션러닝을 활용한 체험학습 프로그램 사례연구. 열린교육연구, 19(2), 99-120.
   박수정(2012). 액션러닝을 적용한 교육행정학 강의에 대한 형성적 연구. 한국교원교육연구, 29(4), 389-416.

박수정, 김태훈, 이광복, 장영일, 조한욱(2016). 액션러닝을 적용한 대학 교수자 학습모임 실행연구. 학습자중심교과교육연구, 16(11), 1058-1082.

10 홍창남, 김경희, 김정현, 김효정, 박수정, 신철균, 이기성, 이재덕, 정수현, 진동섭, 한은정, 허은정(2015). 학교 컨설턴트 가이드북. 한국학교컨설팅연구회 편. 서울: 학지사.

11 박수정, 박진호, 장은아(2021). 지역사회 연계 프로젝트 수업 사례 분석: 액션러닝 적용 온라인 수업을 중심으로. 학습자중심교과교육연구, 21(10), 949-966.

<4부> 온라인 수업에서 팀 학습 평가하기

1   박수정(2015). 대학 수업의 탐구와 성찰. 충남: 충남대학교출판문
    화원.

2   Michaelsen, L. K., Knight, A. B., & Fink, L. D. (2004). *Team-based learning: A transformative use of small groups.* 이영
    민, 전도근 역(2009). 팀기반학습. 서울: 학지사.

3   홍소영(2018). 학생 자기평가의 학습효과에 관한 메타분석. 교
    육평가연구. 31(1), 309-331.

4   길양숙(2013). 교수의 수업 포트폴리오 내용 분석 -교육철학과
    수업성찰 내용을 중심으로-. 교육방법연구. 25(1), 219-241.

5   박수정, 김태훈, 이광복, 장영일, 조한욱(2016). 액션러닝을 적
    용한 대학 교수자 학습모임 실행연구. 학습자중심교과교육연
    구. 16(11), 1058-1082.

6   맹재숙, 박수정(2018). 교육청 지원 학습공동체 참여 교사의 인
    식 분석: 자유기술응답의 키워드 동시출현빈도를 중심으로.
    교육행정학연구. 36(5), 167-189.
    최민석, 박수정(2019). 시·도교육청의 전문적학습공동체 정책
    실태 분석: 2019학년도 주요업무계획을 중심으로. 학습자중심
    교과교육연구. 19(22), 1077-1097.

7   Palmer, P. J. (1997). *The Courage to Teach: Exploring the inner
    landscape of a teacher's life.* San Franciso, CA: Jossey-Bass
    Publishers.

8   Palmer, P. J. (1997). *The Courage to Teach: Exploring the inner
    landscape of a teacher's life.* San Franciso, CA: Jossey-Bass
    Publishers.

:: 찾아보기

저자 소개

박수정

역사를 좋아하고 신문기자가 멋있어 보여 서울대학교 역사교육과에 진학하였다. 사범대학에서 공부하다 보니 교육학에 매력을 느꼈고, 서울대학교 교육학과 대학원에 진학하여 교육행정학을 전공하였다. 석사과정을 마치고 역사교사로 근무하였고, 박사과정을 마치고 2010년부터 충남대학교 교육학과 교수로 재직하고 있다. 교사 전문성 개발, 학교 변화, 지방교육자치, 교육행정사, 팀 학습 등을 전문적으로 연구하고 있으며, 현장과 소통하는 연구자를 꿈꾼다.

대학에서 수업하는 교수자이기에, 팀 학습과 관련되는 교수법을 전문적으로 공부하고 수업 사례를 논문과 책으로 발표하였다. 전국의 대학교와 전문대학에서 100회 이상 교수법 특강 및 워크숍을 실시하였고, '팀 학습' 방식의 실습 중심으로 진행하였다. 이러한 강의 콘텐츠와 필요한 설명을 책으로 충분히 담고자 하였다. 당초 '수업·강의·연수에서 팀 학습'을 책으로 구상하다가, 2020년부터 전면적인 원격교육 상황에 마주하게 되어 『온라인 수업에서 팀 학습 어떻게 할까』를 먼저 집필하였다. 대면과 비대면 교육 상황 모두에서 협력적인 팀 학습을 운영할 수 있게 되었다고 긍정적으로 생각하고자 한다.

교수법 특강: 팀 학습, 좋은 수업, 학습자 중심 교육, 수업 컨설팅, 마이크로티칭,
　　　　　 교수 학습공동체 등
이메일: edupark37@gmail.com

주요 경력

(현) 충남대학교 교육학과 교수
충남대학교 대학교육개발센터장, 교육연구소장, 교직부장
한국교육행정학회, 한국교원교육학회 이사
교육부 혁신공유대학 선정평가위원
교육부 전문대학 마이스터대학 선정평가위원
교육부 전문대학 링크플러스 선정평가위원
교육부 교원양성기관역량진단 실사평가위원
교육부 시도교육청 평가위원

주요 저서

『한국 지방교육자치론』(공저, 학지사, 2018)
『학교컨설팅의 이론과 실제』(공저, 학지사, 2017)
『한국 교육행정사 탐구』(충남대학교 출판문화원, 2016)
『대학 수업의 탐구와 성찰』(공저, 충남대학교 출판문화원, 2015)
『학교컨설턴트 가이드북』(학지사, 2015)
『한국 지방교육자치 연구: 동향과 전망』(학지사, 2014)

상호작용과 협력으로 살아있는 수업

온라인 수업에서 팀 학습 어떻게 할까

Team Learning in Online Class

2021년 7월 25일 1판 1쇄 인쇄
2021년 8월 1일 1판 1쇄 발행

지은이 • 박수정
펴낸이 • 김진환
펴낸곳 • (주) **학지사**

　　　　04031 서울특별시 마포구 양화로 15길 20 마인드월드빌딩
대표전화 • 02)330-5114　　　팩스 • 02)324-2345
등록번호 • 제313-2006-000265호

홈페이지 • http://www.hakjisa.co.kr
페이스북 • https://www.facebook.com/hakjisa

ISBN 978-89-997-2445-9 93370

정가 14,000원

저자와의 협약으로 인지는 생략합니다.
파본은 구입처에서 교환해 드립니다.

출판 · 교육 · 미디어기업 **학지사**

간호보건의학출판 **학지사메디컬** www.hakjisamd.co.kr
심리검사연구소 **인싸이트** www.inpsyt.co.kr
학술논문서비스 **뉴논문** www.newnonmun.com
교육연수원 **카운피아** www.counpia.com